U0596994

重塑管理

管得越少 效果越好

〔美〕查尔斯·雅各布斯（Charles S. Jacobs）◎著　王　岩◎译

重庆出版集团 重庆出版社

Management Rewired: Why Feedback Doesn't Work and Other Surprising Lessons from the Latest Brain Science by Charles S. Jacobs

Copyright © 2009 by Charles S. Jacobs

Simplified Chinese Translation copyright © 2010 by **Grand China Publishing House**

Published by arrangement with Portfolio, a member of Penguin Group (USA) Inc. through Andrew Nurnberg Associates International Limited.

All rights reserved.

No part of this book may be used or reproduced in any manner whatever without written permission except in the case of brief quotations embodied in critical articles or reviews.

版贸核渝字 (2010) 第 168 号

图书在版编目（CIP）数据

重塑管理／〔美〕雅各布斯（Jacobs, C. S.）著；王岩译 . —重庆：重庆出版社，2011.1
书名原文：Management Rewired

ISBN 978-7-229-03123-7

Ⅰ . ①重… Ⅱ . ①雅… ②王… Ⅲ . ①管理学 Ⅳ . ① C93
中国版本图书馆 CIP 数据核字 (2010) 第 212951 号

重塑管理

CHONGSU GUANLI

〔美〕查尔斯·雅各布斯 著

王 岩 译

出 版 人：罗小卫
策　　划：中资海派·重庆出版集团科技出版中心
执行策划：黄 河 桂 林
责任编辑：温远才 张立武
版式设计：王 芳
封面设计：宋晓亮 唐 玮

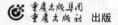
重庆出版集团
重庆出版社 出版

（重庆长江二路 205 号）

深圳市美嘉美印刷有限公司制版 印刷
重庆出版集团图书发行有限公司 发行
邮购电话：023-68809452
E-mail：fxchu@cqph.com
全国新华书店经销

开本：787mm×1 092mm 1/16 印张：12 字数：154 千
2011 年 1 月第 1 版 2011 年 1 月第 1 次印刷
定价：28.00 元

如有印装质量问题，请致电：023-68706683

本书中文简体字版通过 **Grand China Publishing House**（中资出版社）授权重庆出版社在中国内地出版并独家发行。未经出版者书面许可，本书的任何部分不得以任何方式抄袭、节录或翻印。

版权所有，侵权必究

致中国读者

To All of My Readers
 in China –

It's a great honor to
have my book published
in Chinese. I hope
that it helps you
achieve even greater
success in the future.

My Best,
Charlie Jacobs

亲爱的中国朋友们：

获悉《重塑管理》将在中国上市，我感到非常兴奋。希望这本书能带给你的未来更大的成功。

祝一切顺利！

查尔斯·雅各布斯

权威推荐

前哈佛商学院及宾州大学沃顿学院营销学教授
F. 斯图尔特·德布鲁克博士

通过本书，雅各布斯活泼生动地证明了尊重大脑及其运作方式可以如何帮助我们在职业及个人生活上获取及分享更多我们想要的东西……本书融合多种学问、见解深刻且极具启发性——就像大脑本身，读了就知道。

医学博士、剑桥大学神经生物学高级讲师 瑞克·利夫西

结合最新神经科学与自身企业经验，雅各布斯说明了如何透过理解大脑运作方式来重新评估管理人员及情势的最佳方式——其结果不时出人意表。任何决策者，只要有意了解认知神经科学是如何改变我们对人类运作的思考，我都推荐你读这本书。

医学博士、哈佛医学院病理学助理教授 基思·利根

对于任何对商业及科学之良性互动感兴趣的人而言，本书都是能启发思考的读物。

元智大学校聘教授暨讲座教授　许士军

　　反过来说，许多被人视为当然的管理观念，犹如是人在大海浮沉中所能抓到的一根树枝。这本书所告诉我们的，却是帮助脱险的求生之道。

亚德诺公司全球销售及营销执行副总裁　文森特·罗奇

　　立论清楚、见解深刻的一本书，为领导详尽规划了一条崭新而反直觉的路线。本书提出一套令人信服的理论，将有助于领导人利用组织集体智慧的潜力和情感的能量，来创造成果。

《出版商周刊》

　　雅各布斯在这本激发争论、违逆传统直觉的书中，颠覆了许多管理上的认识误区，展示了为什么依靠情感比依靠逻辑更能让人作出正确的商业决策。

　　作者依据最新的研究指出，无论是正强化还是负强化，于提高绩效都是无助益的；量化指标会让员工执著于短期，而牺牲了长远；某些通行管理的做法其效果是事与愿违的。作者从大脑科学的视角考察了现行组织策略的局限，用通俗简明的语言展现了人脑怎样处理经验，怎样对绩效反馈中的奖励或惩罚作出反应。

　　雅各布斯坚信能把大脑科学应用于管理的企业将拥有巨大的竞争优势，并展示了他的发现能怎样有效提升公司各层面的绩效。本书立论新颖，内容充实，将以其颠覆性的新视角对传统管理理论在商学院的教学和在企业的实践都产生深远影响。

《书单》

凭借他在咨询业的多年深厚经验，从坚实的脑科学研究成果出发，雅各布斯为我们呈现了发人深省的睿智新观点。尽管并不是每一个人都会认同他，但无论如何，对于管理者和被管理者而言，这都是一本必读的书。

《商业周刊》

本书对广大企业领导者在管理实践中提升效率很有裨益。

《洛杉矶时报》

有坚实的科学数据作为支持，本书的理论让人信服。

《哈佛商业评论》

一本生动而有趣的管理学作品，能有效地为管理实践提供合理而实用的指导。

献给我敬重的老师，乔纳斯。谢谢您教导我观点的重要性。

送给我的女儿，茱莉亚和艾玛。谢谢你们只喜欢听故事。

目　录

致中国读者　1

权威推荐　2

前　　言　让心智和理念助你悠游管理　10

第 1 章　力量来自于理念　15

思想并不来自我们，相反我们来自思想。
只要"管理不再给人的工作中添乱"，人们就会以前所未有的
热情投入到工作中去。

大脑是一台心情幻变的笔记本电脑　17

其实，情感早已作出了判断　18

不同大脑会看到不同世界　21

运用理念影响人　23

每个人一直都在编造事实　26

用故事来思考更贴切　27

用强大的理念改变世界　29

第 2 章　用故事挑战物质世界的逻辑　31

故事的存在，给我们提供了一种整合经验的方式。
由此出发，提升效率，带来进步，改变生活。

隐喻的说服力　34

物质世界塑造了人的感知　36

一切都在心中　37

思辨带来进步　39

我们生活在故事中　40

故事改变人生　41

亚里士多德模式小例子　44

故事可以大大提升效率　48

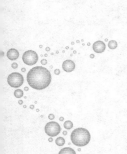

第3章　做生意的关键在于关系管理　49

变市场对抗为合作，并珍视人才。

让客人满意的关键，就是去问他们想要什么，然后满足他们。

扩展影响力，管理影响力。

竞争还是合作　51

一报还一报　52

人才才是硬道理　53

该不该一脚飞踹那只挡路的狗　54

反其道而行之　56

镜像神经元与心智理论　58

于是我们有了同理心　59

真心接纳顾客的想法　60

把老板当成顾客　62

影响力策略　64

人生成败决定于关系管理的成效　67

第4章　倒过来管更有效　69

最好的管理者，是那些施行传统管理最少的人。

一切，从转变观念、废除主管开始。

老板的新定义　70

我们都被泰勒荼毒了　72

"胡萝卜加大棒"还有用吗　75

外在动机造成内在动机缺失　77

奇招出奇效　79

大老板们，你们的角色出错了　82

让员工承担起责任来　83

管理者只需服务员工　85

泰勒主义今何在　86

伯利恒钢铁的觉醒　87

把主管废除　89

第5章　人性、体制，巧用制胜　91

商业机构的3要素：等级制、功能型组织以及运用幕僚组织标准化事宜。

我们要做的只是创造一种文化，之后再由文化来塑造人的想法。

那些黏液菌教我们的事　93
军队管理给机构的启示　95
铁路公司引入军队模式　96
严密监督真的好吗　97
本性如此　98
机构内部的自由市场体制　100
越管漏洞越大　102
信任自由市场机制　103
创造文化故事黑匣子　105
灵活管理，妙用生花　107
零和游戏？是时候破灭了　108

第 6 章　像战略家一样思考　111

要拒绝当下的诱惑，最好的方法是去想象一个清晰的未来。
让故事相助，与故事一路同行。

逻辑也有不管用的时候　114
勿迷失于短期满足　116
长远才是希望　118
借用环境和心理的力量　119
关键在于争夺顾客　121
战略家心理　125
巨人是这样倒下的　126
要会说故事，更要忠于自己的故事　127
反直觉奇招制胜法　128
心理战　131

第 7 章　改变心智力　133

重新建立规则，推倒重来。
要创造并管理认知失调，故事是最好的方法。

是什么把海豚逼疯了　135
为什么变革总是失败　137
大家都变得更白痴　138
改变个人才能改变机构　139

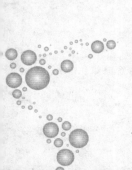

你得先引起它的注意 142

主动寻找反例 143

运用反常来调动改变 145

周五不戴假发上班去 147

改变人心中的故事 149

认知失调改变范式 151

第8章　如何做个好领导　153

你的自我也是幻觉。

巴顿还是丘吉尔？谁是更好的领导？

我并不存在 154

我是谁 155

巴顿式的领导 157

领导者需要知道的事 159

变革型领导的风格 161

亨利五世的胜利 162

打仗与否由官兵自己决定 163

如果亨利五世走进商界 165

肯尼迪、丘吉尔与罗斯福的性格 169

只要相信就能自我实现 171

让属下超越自己 172

第9章　一切都准备好了　173

与其与事情的本质战斗，不如顺其自然。

故事伴你，坚定前行。

我们活于想象的世界 175

站在他人立场考虑 176

依据神经科学进行管理 177

把世界倒过来想 178

故事需要让人一听钟情 180

发现他人心中之盼 181

现在，是时候出发了 183

致　　谢 187

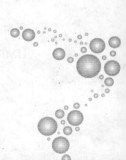

让心智和理念助你悠游管理

原来，我们对于管理的认识，绝大部分可能都错了。最新的研究表明，我们的感性比理性更有助于引导商业决策。收集正面与负面的反馈并不一定能提升效率，有时可能会适得其反。我们作战略策划时，往往着眼于"可量化分析"的目标，这让我们专注于短期收益，却忽视了长期收益。许多我们习以为常的管理方式不仅仅低效，应用到实际中，还会使我们与目标渐行渐远。

与此同时，许多已被证明能造就卓越绩效的新型管理方式往往让我们惊呼——这不合理！比如，较小的奖励往往比丰厚的奖励更有激励作用，亲身参与竞争是激励团队最好的方式，又或者，管理最少的管理者往往也是管理最好的管理者。

脑科学的最新研究结果除了教给我们一种新的管理方式，同时也在挑战我们的常识。科学家利用"功能磁共振成像技术"（fMRI, functional magnetic resonance image），成功地实现了对人脑运作的观测，由此了解到许多超乎所有人想象的东西。

他们不仅找到了人脑的情感区域、理性区域，甚至还找到了负责道德的区域。此外，他们还发现了这些问题的答案：什么使我们更易体察他人的感情，什么使我们更善于学习，以及什么使我们更能够在工作中得到快乐。他们甚至还搞清楚了为什么青少年会把父母气疯。

不过，最惊人的发现可能在于，他们描绘出了我们的大脑如何整理感官信息，并形成我们对世界的体会的过程。参与这个过程的不仅仅是人脑的感知区域，还有负责记忆、感情、信仰和灵感的区域。大脑的心智并非客观地记录我们对世界的感受，而是创造了感受，而且其创作还受到大脑其他活动的影响。实际上，我们所有人都活在自己创造的精神世界中。

这不是什么抽象的哲学问题，它有着大量的实践基础，并与我们的工作与生活息息相关。我们所了解的世界只是我们想象中的世界，所以不能认为其他人的世界和我们想的一样。事实上，我们已经知道他们的确不一样——我们的客户、员工、同事、领导，他们看待问题的方式也都与我们不同，因此我们对待他们的方式并不一定能达到自己预期的结果。

我们大多数人都接受他人看待世界与自己不同的这个事实，不过我们相信客观的、逻辑为上的理性思维，能帮助我们解决看法上的分歧。但是 fMRI 也显示出，理性与解决问题、作决定、计划未来的方式间没有丝毫关联。理性的作用，充其量只是用来佐证我们在潜意识中早已得出的结论。

对于人类心理运作方式的这种最新理解，亟须与对经营管理的思考联系起来。由此产生的管理实践也许看起来不合逻辑，但能产生更好的效果。企业将变得更团结、更高效，我们的战略也将带给我们更经得起考验的优势。我们将极快地实现重大的企业转型，我们的领导能力也将能发掘出人们最优秀的潜质。这种在出发点上的转变，其效果不会是潜移默化的，而将会是一次突飞猛进的飞跃。

任何资历不浅的管理者，其实都听说过这样大胆的主张。但是他们往往会在起始阶段就止步于失望，因为这些大胆主张多数言过其实，无法带来许诺下的效果。但是管理学的脑科学转型并不只是一种新方法或者新模式，它的作用是将管理模式与过硬的科学数据结合起来，并且从本质上改变我们对经营管理的思考方式。如果我们完成了这种转变，我们将可以掌握一整套的管理学实践方法，而且确实会带来真正实质的出众效果。

如果脑科学真能对管理产生如此重大的影响，为什么至今还没有人愿意利用它呢？原因在于，理智在总结归纳方面效果出色，这使我们可以整合大量的知识为人类服务，但同时也让我们将知识限定在它们各自独特的表述语言与思维方式中。而外行人很难深入到复杂的神经科学术语中得到自己想要的知识。商人和科学家生活在他们各自的世界中，很难沟通并了解对方。

不过对于那些有能力在这两个世界中游走的商人来说，这是一个机会。在面对那些没有能力了解脑科学发现意义的竞争者时，这一优势将给他们带来最直接的帮助。而且，一旦理解了那些新发现的基本原理，应用起来就并不困难。不需要掌握什么复杂的运算法则或者程序，只需稍稍改变思维习惯，哪些不可行以及如何制造可行就一目了然了。你要做的只是，让大脑以最自然的方式处理问题而已。

本书阐释了这些最新科学发现的意义，以及这些意义将如何改变我们对于思考与行为的认知。全书涉及管理学上从战略策划到企业领导的每个关键领域，向我们展示出当前管理实践中的诸多局限，并且详细阐释了最新的实践方法——虽然这种方法往往有悖常理，但却如实反映了人脑的运作方式。关于管理者如何作为方能提高企业效率的问题，本书也作出了重要说明。应用这种新方法容易得惊人。对管理者来说，最大的挑战只是放弃当前的习惯。

以脑科学为基础的管理学拥有更健全的收益出发点，因此它还能带来其他的好处。当管理者的行为不再与目标背道而驰时，管理将变得更加轻松，压力更小，工作也更加有趣。同时员工接受着能积极激发他们天性和潜质的管理方式，也会有更多的工作收获。企业、管理者、员工等三方都将因此同时受益。

放开实践优势不谈，脑科学的最新发现本身就十分迷人，在我们将它应用于商业的路途上也充满了有趣的曲折经历。我们会在路上遇到一位英雄，他告诉世界：最优秀的战略家就是最圆滑的骗子。我们还会见到一个学生，他因为无法理解一种理念而使管理工作变得举步维艰。我们会看到智商提高快得不可思议的孩子们，原因是他们的老师被骗得相信了他们有这种潜能。还有是一只学会了改变方法的海豚。这是一个独特的故事，有时也显得有些诡异，而它的结尾正揭示了提高企业业绩最快的方法。

我本人每天都置身于商界，经常看着有才干、有好想法的管理者们被常规束缚，同时因为无法调动员工创造业绩的积极性而心情沮丧，也常见证数不清的新式企业运作模式最终只产生令人失望的结果。但我的经验告诉我，每个公司都一定可以变得更加成功，而且这种成功还可能来得很轻松，同时快得超出大多数人的想象。

只要理解了神经科学的这些最新发现，人的思维方式必然也会因此发生变化。在熟悉了这些发现在管理学上的应用方法后，管理者将会认识到如何改进——以用更少的努力得到更好的效果，虽然在方式上可能显得有悖常理。如此，管理者在科学的观点指导下，结合商界实战中的成功模式，将会清楚地了解到自己需要做什么，所依据的不仅仅是本书的出发点，更是站在这些出发点上工作的人们。

Brain

Science

第1章
力量来自于理念

客观的逻辑思维不是最好的决策方式，
在思考中结合感情因素才是。

人类常常想当然地认为，我们的心理在某种程度上，一五一十地记录了对于这个世界的体验。虽然我们也承认自己对个体事件的看法常常是主观的，但这丝毫没有让我们怀疑有个独立的世界存在于我们之外。事实上，人类可以客观地认识世界以及世间一切。这是科学的基础假设之一。

但是神经科学的最新发现告诉我们，客观的认识根本不存在。唯一一个可以为人类所了解的世界，是一个由大脑神经元所创造的心理世界——而这个世界是纯粹主观的。在信息通过感官输入人脑之后，所有的信息都会被整合、编辑，并根据脑内的所有其他活动来赋予其意义。与其说我们的大脑是在记录体验，不如说它是在创造体验。神经科学不否认有一个独立于人类之外存在着的世界，但它的主要观点是：人类所能了解的，只是世界经由人类自己大脑改造后所形成的版本。

科学家将这些不同的版本称为范式（paradigm）。他们认为，正是由于有了这些范式作为基础，我们的经验才具有意义。科学史家托马斯·库恩 (Thomas Kuhn) 认为，从一个范式转化到另一个范式的过程是一次认知革命。这个过程不仅仅增大了我们的知识量，而且更像是一次量子跃迁（quantum leap），使我们飞跃到一种不同的、更全面的知识层面中去。范式是如此重要，它主导着我们的思想与行动。因此，接受一种新范式就会有空前绝后的影响。

最经典的例子就是在文艺复兴时期人类宇宙观的转型。

直到 16 世纪，传统智慧和科学探索理论都坚称地球是宇宙的中心，太阳、行星和满天的繁星都围绕着地球运转。不过当人们发现对于行星位置的预测经常出错时，这种地心论范式就已经开始瓦解了。为了弥补范式缺陷，人们在天体运行轨道中又加入了"周转圆"（epicycle）这一概念，同时还作出了大量其他调整。地心论范式由此变得更加复杂，可是仍然与事实不符。

终于，哥白尼意识到传统智慧的思路完全反了。行星并不环绕地球运转。相反，地球和其他行星一起环绕太阳运转。而且这一崭新而简化得多的范式更符合可观测的数据。

现在，神经科学的发现又将转变人们认识心理活动的范式了，其结果将对我们所了解的世界本质提出质疑，并对如何进行思考提出更好的实施方法。而且，凡涉及管理的变革，都必将产生革命性的影响。我们的目的绝不是推销一种新的管理手段、模式或者实践方法。事实上，**最新的研究发现正好有益于我们对管理学的认识与改进，它让我们清楚地看到目前管理模式的本质缺陷，并由此提出一种替代方案，由此推翻我们习惯中视为优秀管理方法的全部基础。**

大脑是一台心情幻变的笔记本电脑

人脑的外在丝毫没有为我们透露它的运作方式。当打开颅骨、观察大脑时，我们所看到的只是一堆略带灰色、形似果冻的胶状物质。我们无法由此观察出来，这个 3 磅重的肉块如何运作，哪些部分具有哪些功能、又会起什么作用。当亚里士多德观察大脑时，那似乎是某种散热系统，

17

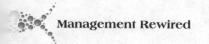

Management Rewired

用来为血液降温。他认为心脏才是心理活动的中枢。

在科学家们开始研究人脑之后，他们分辨出了不同的结构。通过研究由生病或受伤导致的结构性损伤，以及相应产生的脑功能障碍，他们定位了人脑中不同功能的结构性区域所处的位置，并由此绘制出一张大脑结构图。随着时间的推移，这张图变得越来越复杂。然而，用来命名不同结构性区域的拉丁术语又使它变得更加复杂。同时，并非所有神经学家都以相同的方法来区分大脑的结构性区域。

不过，仅仅是快速检视一遍大脑的解剖结构图，我们也能发现一些指示心理活动的有趣迹象。这里有处理感官数据的区域、保持人注意力的区域、储存与调用记忆的区域以及那个我们认为只有人类与灵长类动物才拥有的进行高等思维的区域。大脑录入我们对外部世界的体验，然后选择体验将呈现出的样貌，之后再对呈现出的样貌进行处理，最终将结果存入记忆。所有这些，似乎没有一样超出一台计算机的能力范围。

不过与计算机极其不同的地方是，大脑中有一块称为类扁桃体的区域。它的作用是产生感触来为大脑的认知过程提供引导、上色和转换。也许我们应该把大脑想象成一台随任意心情而使用的笔记本电脑，不过即使如此也无法真正把握它的实质，因为大脑的运作不仅决定了我们是什么样，同时也决定了我们涉身其中的世界是什么样的。并且这二者全都与我们想象中的不同。关于这点，只要观察一下我们对事情作决定的方式就能看得一清二楚了。

其实，情感早已作出了判断

在经营管理中，我们认为思考应该客观，遵循逻辑。我们量化分析一切，时刻警觉着，防止任何情感胁持我们的理智。虽然我们认可果断这种情绪的价值，但是没有一个管理者（只要他希望保住自己的工作），会在作财务决策时无视数据与逻辑。但根据神经学专家安东尼奥·达马西欧 (Antonio Damasio) 的研究：控制人意识的神经中枢前额叶皮层与情感中枢类扁桃体之间存在着交互作用——不管我们承认与否，这使得我们根本不可能作出客观的决定。他还作了一个巧妙的实验，证明如果我们真的客观地作了决定，那多半也是错误的。

在实验中，他分给每位实验对象 2 000 元游戏货币。在他们面前放上标签为 A、B、C、D 的四套牌，告诉他们可以任选一套牌抽出一张，以牌面大小作赌。没告诉他们游戏将进行多久，但是不论输赢，奖励与惩罚都是当时兑现。输赢的数额只有在亮牌之后才能知道。A 套牌和 B 套牌赢的奖励是 100 元，输的惩罚却高达 1 250 元。C 套牌和 D 套牌赢的奖励只有 50 元，输也仅惩罚100 元。

正常的玩家一般都是从四套牌中轮流抽取，不过在游戏刚开始时更偏向于奖励额度大的 A 套牌和 B 套牌。但是玩了一会儿之后，他们就更多地转向 C 套牌和 D 套牌了，原因很明显，他们认识到了 A 套牌和 B 套牌的风险高。但是，大脑前额叶皮层的腹内侧区域受损的病人会对高风险的 A 套牌与 B 套牌表现出持续的偏爱，即使因此破产也不会改变。

达马西欧猜测，这种病人失去了预测和计划未来的能力。他们完全被当下掌控。计划未来的能力与一种被达马西欧称为"躯体标识"(somatic marker) 的机能有关。正常玩家在一段时间的游戏之后，会将 A 套牌和 B 套牌与一种"不好的感觉"联系起来。这种感觉使他们抵触这两套牌。这时你可能已经想到了，腹内侧区域的作用正是受着类扁桃体的影响。

在接下来的实验中，参与者在玩游戏的同时进行了皮电反应测试

(skin conductive response)，这种测试与测谎的原理基本相同。在选牌之前，正常玩家的皮电反应会增强，并且在游戏的进行中持续增强，换句话说，A套牌与B套牌带来的"不好的感觉"产生于玩家决定选择这两套牌之前，也就是说，是我们的情绪让我们拥有预测的能力。

这一发现成功地解释了内心作决定的过程。我们的经验在每段记忆中都刻下了某种情感冲击。当我们遭遇似曾相识的局面时，过去的记忆与当时的情绪被同时唤醒，而我们的决定必会具有当时情绪的烙印。我们会被驱使着选择"好的"，而远离"坏的"。这意味着——**我们越想摒弃感觉的影响，越想创造一种完全客观的抉择方式，我们过去的经验对我们的帮助也就越小**。

达马西欧的实验提出了一个问题，就是"我"到底能对"我"做多大的主。传统上人们认为"我"有意识地处理问题并作出抉择，但这个实验的结果体现出相反的结论；事实是，无意识的内心活动已经作出抉择之后，"我"才意识到它的产生。可能下面这个结论显得更为超出常理：**人在抉择过程中，真正的原动力是情绪而非逻辑**。在企业管理理念中，人们认为决策制订应该严格地遵循客观规律，但这一理念真正带给我们的，只是使我们丧失了正确地利用经验的能力。如此说来，使我们缺乏长远规划的因素恐怕并不是华尔街的季度报告，而是我们对所谓客观思考的偏爱。

达马西欧的实验清楚地表明，我们的理性思考其实一点也不理性。真正左右我们决断的是那些无意识的心理活动，我们以为逻辑思维引导一切思考，但事实上它只不过佐证了我们已经作出的决定。因此，如果用逻辑去影响事实上为情绪所驱使的人们，我们不大可能说服他们接受我们的观点。

大脑解剖图告诉我们：人的心理活动和我们曾以为的大不一样。不过在理解了不同的区域具有不同的功能之后，很可能会产生一种误解，就是人脑内这些不同的区域独立运作，互不相连。但是，如果我们用实时监控的方式观察脑内信息的传递，我们就会发现，大脑的运作实质上是不同区域之间的关联性作用的结果，而接下来我们将会看到，这一特点会产生什么样的奇异现象。

不同大脑会看到不同世界

在监控仪的屏幕上，起初很难看出发生了什么，只有分隔成不同颜色区域的大脑图像如同万花筒一样在不停地变化。其中的颜色标识着大脑的哪个区域正在运作。fMRI 记录下了神经活动的加强，这是毋庸置疑的证据——证明了心理活动本质上无逻辑可循，同时还传达出一些令人震惊的信息。

在 fMRI 发明之前，神经科学的进步因为人们无法观测运作中的人脑而受到阻遏。虽然在 20 世纪早期就出现了脑电图（EEG），不过那只能粗糙地测量人脑释放的电能。fMRI 的发明给了我们更直观的视野，通过追踪携带葡萄糖与氧气的血液所流向的脑部区域，我们得到了一份生动的大脑运作图。通过观察大脑中信息的传递，我们了解到，许多我们以为是属于某一个脑部区域的功能实际上是多个区域交互作用的结果。从感受到思想，一切都不像我们想的那么简单。

人脑中有一块称为"感觉皮质"（sensory cortex）的区域。这块区域内神经细胞的放电活动为数字形式（与模拟形式相对应，表示对象只有两种状态：0 或者 1，开或者关。），亦即只有活跃与不活跃两种状态。我们的感官所收集到的外界数据最终会以区域内神经细胞这两种状态的分布情况展示出来。之后，我们的大脑从记忆中调出一种与这种分布情况相似的记录，使我们可以分辨出自己的感受。虽然不易理解，不过这已经是相当直白的阐述了。然而 fMRI 还显示出，在大脑录入感官数据时，脑内负责感情的区域、负责目标的区域、负责高级思想的区域，都同时被激活了。而只有在这时，我们才发现意识中枢前额叶皮层的活动。最终我们意识到的世界，是一个经所有脑内活动一起重构的世界。从我们的感情到愿望，都参与了这一过程。

视觉作为我们最重要的一种感觉，最充分地说明了我们的大脑是如何处理体验的。通常的观点是，光线经物体表面反射到视网膜上，进入眼睛并呈现出图像。图像又经视觉神经进入大脑，最终我们"看见了"。但是 fMRI 显示出，这是错的。被反射到视网膜上的图像并不会像穿过一条光学线路那样，原封不动地进入大脑。

与其说是被反射的图像激起了视网膜内神经细胞的响应，不如说是神经细胞在挑选图像进行响应。只有图像的某些特殊部分，比如颜色和对比度，能引起神经细胞放电。另外，视网膜的中心（也就是视觉神经分布的地方），存在着一个盲点，这意味着肯定会有其他东西填补起来。投射到视网膜上的图像会分裂成 1.2 亿个信息单元，之后，这些信息单元再以电子信号的形式经视觉神经进入大脑的初级视皮层。

之后，脑内 24 个不同区域中的 10 亿个神经元会共同参与处理这些电子信号。某些神经元只负责方位（orientation），某些只负责方向（direction），还有一些负责颜色。在这些信息单元离开初级视皮层时，它们会进一步地分裂成两部分，等待分别处理——其中一部分用做鉴别动态（motion），另一部分用做分辨对象。最终，景象的不同部分被集中在一处，形成关联性的感知。

景象的这些不同部分汇集的区域被科学家称为"收敛区"（convergence zone），他们还为不同的收敛区分出了层级（hierarchy）。有一个层级用做汇集所有的视觉数据。而在另一个更高的层级中，所有的感官数据会被统一集中在一起，共同形成我们感受到的外部世界的景象。我们在看棒球比赛时，人群的嘈杂、花生和啤酒的香味，全都会融入我们对体育比赛的体验中。

另外，并不是只有感官数据被集中到一起。为了使我们可以辨别对象，来自感官的信息必须与旧有的经验相对比。只有在和记忆对比之后，画面才最终形成并得到辨识，这时我们才意识到自己在看东西。但是，我们看到的却不仅仅是外界的景象。一位神经学专家告诉我们，那是大量信息单元汇集一处，由人的记忆、经历以及愿望共同构成的画面。

现实是我们所构建的，但我们同时又不相信自己的所作所为，因此，我们对事情的看法也就根本无法摆脱主观。因为我们不明智地忽视了个人特点对事实的影响，矛盾也就无法避免地产生了。同一件事，雇佣双方看到的是两个版本，而供求双方看到的也是两个版本。我们不能认为他人会按照我们的意愿解读我们的行为与言谈，同样也不能认为我们真的正确地解读了他人的行为与言谈。

运用理念影响人

幸运的是，不管这个世界的本质是什么，神经科学已经教给了我们该如何更有效率地在这个世界上工作和生活。和身体的其他器官一样，大脑由大约 1 000 亿个细胞组成。不过与其他细胞不同的是，脑细胞拥有 4 000 万的 5 次方种潜在方式互相连接并传递信号。这么大的数字意味着，仅仅是计算一遍这些连接也需要耗费 1.25 亿年的时间。平均每个脑细胞都与 1 000 个其他细胞相连，正是脑细胞与这些细胞的接触点造成了大脑巨大的复杂性。

脑细胞组成了大脑的线路。信息以电荷的形式从脑细胞的末端传递到另一个细胞上。不过真正的反应（action）并非发生在单个细胞上，而是发生在细胞与细胞之间的接触点上。多数脑细胞并非直接连接在一起，它们之间存在着一条充满液体的狭缝，称为突触。当电荷到达位于脑细胞末端的突触时，这里会生成一种称为"神经传递素"的化学物质，跨过狭缝去接收信号。

所有与"神经传递素"的生成与反应相关的因素都影响着大脑的运作。我们所熟知的酒精、咖啡因和抗抑郁剂中的氟西汀的效果都与此有关。但是现在，我们发现包括运动和心情在内的所有一切，都有可能改变我们对事物的看法。在我们心情愉快或沮丧时，大脑会依照不同的方式运作，压抑、痛苦、兴奋……这些不仅仅能影响大脑对信息的处理，同时还会影响这些信息与我们的感想之间所产生的联系。我们完全可以通过自觉地改变心情或者体力来促进我们的思维能力，而改变了思维的同时，我们实际上也改变了现实。

因为突触和"神经传递素"的存在，人脑的线路及其产生的心理活动其实一直在变化。不断地会有衰老的突触死去，新的突触诞生，而且每个突触都在或成长或衰老地变化着。神经科学家喜欢把突触的死亡描述为"用进废退"，把新连接的产生描述为"同时放电的脑细胞都是相连的"。突触的改变，实际上是大脑在重新搭配自身的线路，以适应环境的变化，也使我们的内心更适应外界的要求。大脑线路重组的过程，就是我们的认知过程。

具体点说，某种心理活动起作用的机会越多，它就会变得越强。我练习小提琴的次数越多，演奏小提琴所需的那条神经通路（neural pathway）就变得越强。我越是以某种思维方式思考，我就越习惯这种思维方式。我越是深入思考一个已有的理念，我的思维也就越局限在这个理念中。诺贝尔奖得主埃里克·坎德尔（Eric Kandel）在研究海螺的脑细胞时，发现仅仅一次细胞放电就可以改变突触的化学特性，并且会降低下次放电的门槛，不过这种效果很快就会消失。但是五次细胞放电之后，突触发生了结构性的变化，而且产生了长期记忆，记录下了这种变化。也就是说，熟能生巧即使在细胞分子的层面上也一样成立。

突触的化学特性告诉了我们，为什么重复练习对于掌握一门技术如此重要，为什么重复记诵对于记忆如此重要，还有为什么我们会变成某种惯性思维的因犯。除此之外，它还告诉了我们，不一样的外界刺激会让大脑产生出新的神经网络 (neural networks)，而这无疑将会拓宽我们的思维。

因为你所能了解的世界，本质上无非就是电荷与化学反应综合作用产生的理念网络，而电荷与化学反应还受着其他网络的影响。这些网络以"超体系"（达马西欧语）的形式分出层级，接触点数量大的高级网络决定着低级网络的放电活动（firing）。

处于高级网络下的理念，比如，价值观和信仰，将会主导与之相关的处于低级网络下的理念和行为。比如，如果我相信人人平等，我就会平等地看待他人，也会平等地对待他人。最新的数据显示出，高级网络一旦发生变化，它的影响会更持久，也更全面。在治疗心理疾病时，相比针对突触用药或者针对行为进行矫正而言，针对思考方式的认知疗法往往效果更好。具体地说，只要我们把握了正确的理念，其他一切也会随之更正。

企业管理者的行为却常常与此相悖——他们的工作重心常常放在行为管理上。神经科学证明，**改造主导人们行为的理念，将比直接改造行为更加有效**。比如，如果你想要提高客户的服务质量，最好的方法是充分强调它的重要性，并且使员工将自己的价值与之联系起来，这样比起硬性规定行为准则来要好得多。因为行为管理更适合用来管理动物（只有它们才不生活在自己创造的内心世界中），而员工在执行行为准则时，多半只会心存漠视与轻蔑。

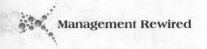

每个人一直都在编造事实

现实世界对我们来说版本各异。我们可以把不同的版本想象成差别很大的电影。虽然我们认为我们看到的是同一件事，但是你看到的有可能是迪斯尼版，而我看到的则是希区柯克版。电影不同，我们的想法与做法也将不同。你的感想可能是诙谐、刺激、愉快，充满欢笑。而我可能正紧张地面对着威胁，连我的自主神经系统都作好了自我保护的准备。

你我的电影都必须符合剧情。如果出现了任何在剧情上讲不通的场面，我们内在的"编辑"就要开始工作了。在我们毫不知情的情况下，我们的"编辑"会删掉一些内容，改变一些内容，最终留下一些内容，使电影不再具有互相冲突的信息片段。

认知神经科学专家迈克尔·加扎尼加（Michael Gazzaniga）认为这位"编辑"就是我们的理智，而且很可能就住在大脑的左半球。他形象地以纽约斯隆·凯特灵医院（Memorial Sloan-Kettering Hospital）的一位病人为例，描述了大脑对信息的编辑过程。

有一位女性病人，她的大脑除了空间定位区域受损之外，其他部分都很正常。当加扎尼加初次遇到她的时候，她正躺在床上阅读《纽约时报》。

在对话过程中，加扎尼加问她："在哪儿？"她回答说："在缅因州自由港的自己家里。"加扎尼加继续问，如果她在家里，门外的电梯组该怎么解释。她回答说："医生，你知道装这个花了多少钱么？"她不是在开玩笑，在她那个版本的现实中，她确实是在自己家里，而且家里还装了电梯组。对我们来说，她像是在根据情况顺口编造。不过对神经学家来说，我们都是在根据情况进行编造。

虽然现实只是我们的创造物，但不是每个版本都同样合适。有些版本与经验更吻合，有些则不然，更合适的版本必然会产生更有效率的行动。试想，如果加扎尼加的这位病人离开医院，走在纽约的大街上，心里却认为自己在缅因州自由港，估计她一定会遇到许多窘迫的事情。通过追踪大脑内信息的传递，我们了解到：我们所用的范式，并不是非常合适。以此范式为依据而产生的行动，并不能带来我们想要的结果。事实上，还经常相反。

想要理解并利用神经科学的最新发现，最大的障碍就是范式本质上自我保存的特性。我们错误地以为范式代表了现实，而实际上，它只是反映现实的众多版本之一。有那么一段时间，我们甚至无法相信每个人的版本居然会不同。这妨碍了我们理解范式的影响，更使我们无法意识到范式原来可以更换。"现实世界是心灵的创造物"这一理念已存在了上千年的时间，但仅仅在最近的 10 多年间，神经科学才得到过硬的数据，在逻辑上也证明了它的正确。

用故事来思考更贴切

在某种程度上，每个人其实都知道范式的存在，或者最少也见识过范式的影响。不同的政治立场、社会见解、宗教信仰，背后其实都是不同的范式。范式冲突经常导致家庭关系不和睦。在工作上，则常常导致生产者无法了解消费者，或者反过来。当我们不同意别人的时候，我们常常把这归结为对方的见解缺乏广度，或者对方的思维能力不如我们强。其实更可能的原因是，对方只是采用了不同的方式整合外界信息。

不过，我们对范式冲突的印象，常常使我们低估神经科学的发现。范式不仅仅影响我们的信仰体系、我们的家庭角色或者我们的专业方向。它构成了我们对现实世界的基本印象。完全可以说，世界的本质在我们的眼中，在我们的心中，都是由范式决定的。关于大脑运作方式的范式，是最深层次的一种范式，它不仅仅能左右人们对某个问题的看法，更能影响人们最根本的思考方式。

常识与逻辑思维都接受的客观性范式很可能来自于我们对物质世界的早期经验。当对象是无生命的物质时，比如岩石、石块或者土块，这种范式能处理得很好。但是当对象是生物时，它就无法处理得那么恰当了。而当对象变成同样具有心理活动的人类时，它处理得可以说一塌糊涂。我们在处理问题时，往往无视他人内在的动机，无视现实在他人心中形成的版本。并以此为依据来猜测他人的反应。这其实与我们根本不关心他人的反应别无二致。

21世纪的管理者都知道，他们应该预先猜到他人的反应，并以此为基础制订战略。他们知道必须考虑到客户的感受不一、众口难调。他们也知道雇员看待问题的方式与自己不同。但商界的节奏使他们很少有机会进行反思。我们的逻辑思维是自动运作的——不管遇到什么事需要思考，它都是我们默认的第一选择。在不知不觉中，我们考虑问题总会忽视依存因素（互动因素）、历史以及观点的冲突，因为我们的大脑已经养成了这种工作习惯。

用对待无生命物质的方式来对待人，无视他人解读事情的方式，这些错误不仅仅危害着人力资源管理这一领域。事关商业的每个领域都是由人决定的，一个又一个会思考的、独立自主的人。不管客观性范式起了多大的阻碍作用，战略毕竟都是由人来制订和实施的，最终作反馈的消费者和竞争者也同样是人。一个组织是由人发起及构成的。商界中的改变就是人的改变。而且请不要忘记，企业的管理者也是人。

神经科学带来了一种新的范式。它认可人作为一种会思考的生物，具有以自我为中心行事的能力；同时指出人们在选择行为方式时，会受到环境因素的影响。其中包括人与他人之间的关系，及现实在人心中形成的版本。通过唤起我们对动态人际关系与心理作用的关注，这种认知范式为我们标明了一种更好的方式，帮助我们认识人类行为的复杂性。

只有用以人类特点为出发点的思考方式来代替逻辑，我们才能认清事实。我们的行动也才会产生更好的结果。在作战略预测时，我们将可以更恰当地把握实施过程中的挑战及客户与竞争者的反应，并由此收获实质性的竞争优势。

注重战略的贯彻并使人依天性工作的组织，可以把运营成本降到最低点。如同彼得·德鲁克（Peter Drucker）所说的那样，**只要"管理不再给人的工作中添乱"，人们就会以前所未有的热情投入到工作中去。**

这项最新科学发现的结论中最有悖常理的地方，就是内心解读世界的方式。虽然科学重视事实、否认虚构，但是大脑运作的基础却是故事。故事确实能更好地解释人类的行为，也更有助于我们把握人类行为的复杂性。因为如果我们认可大脑通过故事来运作，那么我们在考虑问题时也必定会考虑到观点、关系以及动机的差异。在人类文化的发展和儿童智力的发育上，对故事的把握都要早于逻辑。最开始，人都是通过故事来进行思考的，后来才养成了重视逻辑的习惯。也就是说，无须任何外在条件培养，人就能够通过故事进行思考。它本身就是人与生俱来的天性。

科学精神与逻辑思考的能力，为我们创造出了极为丰富的物质世界，同时也让我们付出了相应的代价。客观性范式对虚构的背离使我们丧失了许多宝贵的心灵力量，现在神经科学正在帮我们找回它们。不过，如果我们相信神经科学的结论，即"客观只是一种假象"，虚构的故事和科学理论具有同样的正当性。则我们同时也得认可，这二者本身也是范式。

用强大的理念改变世界

通过追踪脑内信息的传递，我们了解到世界无非就是想象力编织出的画面；4 套牌的纸牌游戏说明：**情感比理智更有助于使人作出正确的决定**；信号在神经细胞之间的传递方式表明：**理念确实能够改变世界**。粗略检视神经科学的最新成果，我们就会发现，我们的自我认知和我们对现实与理智的认识都已经土崩瓦解了，同时也向我们展示出，理念的力量是多么强大。

> 许多我们认为理所当然的事情原来都与事实截然相反。
>
> 思想并不来自于我们，相反我们来自于思想。
>
> 世界不是实在的，而是内心虚构的。
>
> 客观的逻辑思维不是最好的决策方式，在思考中结合感情因素才是。
>
> 万事不因外力而生，而因理念而生。

神经科学告诉我们，这个世界和我们曾以为的大不一样，因此，它也要求我们必须改变过去的思考与行为方式。

事实上，这种改变要求我们在做任何事情时，都要考虑到脑科学所教给我们的东西。在实施管理方面，我们需要重新思考一切已有的知识。因为脑科学教给我们的，绝不是某种新的管理模式或者某种新的运营方式，也不是某种激励员工的新方法。它破除了我们对世界本质认知的偏颇，并带给我们一种新的范式，指引我们的思考与行动。

神经科学告诉了我们太多的东西，从世界只存在于我们心里，到理性思维只是决定作出之后的佐证。这种巨大的变化，对人来说，绝不是轻易就能适应的。不过如果我们把握重点来看的话，它的基本原理其实十分简单，即力量来自于理念。世界尚且因理念而改变，经营管理自然也不例外。我们要做的只是敞开内心世界，接受理念的力量，而剩下的，就自然水到渠成了。

第2章
用故事挑战物质世界的逻辑

在亚里士多德强大的逻辑面前，故事能否
为自己正名？

思辨带来进步，故事改变人生。

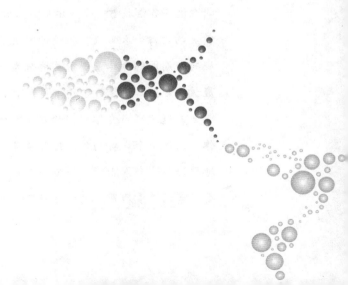

新英格兰有一座小镇，镇郊的滑雪场刚刚更换了主人。因为这座滑雪场必须确保一定的经济效益才能运营下去，所以他们想要改善一下设施，新建一座度假公寓。这个小镇从殖民地时代起就是现在的样子，基本没什么变化。现在居民们分化成了两派。支持派看中了发展带来的就业机会，欢迎这一提议；而反对派则认为开发房地产有悖于小镇的整体建筑风格。这两派的人数基本相当，关于这一提议的争论也渐趋激烈。因为实施这一计划必将改变小镇的整体空间布局，所以居民们需要一起开会协商，最终投票决定。

会议开始后，开发商首先站了起来，陈述自己的计划。在这之前，装帧精美、资料翔实的项目说明书早已摆放在了每个人面前。讲台两侧各摆放着一个展示板，上面画着这个项目的建筑设计图，精美的设计令人心仪。从设计图上可以看出，这座度假公寓的外观将与周围的森林景观完美地融为一体。看了这一切，所有人都应该能看出，开发商肯定作了亲身考察，而且准备充分。

在这次项目介绍中，开发商们把一切都做得非常专业而且得体。他们个个穿着西装、打着领带，言之凿凿，动人以理，清楚地解释出这个景点对于小镇经济的重要性，以及景点一旦关张将会带来的严重后果。之后他们又告诉大家，目前这个景点有多少游客，实现盈利需要多少游客，而这个度假公寓又将能吸引多少游客。通过具体的数据分析，他们既阐明了景点建设在经济上的必要性，又让人们了解到小镇将从中获得多么大的收益。

介绍完毕之后，所有反对这一提议的人都感到心灰意冷。他们根本无法匹敌开发商们所拥有的巨大资源优势。而且，似乎他们能想到的所有反对依据，开发商们也都想到了，并且预先作了反驳。其实他们最大的忧虑在于，人员与车辆密度的增加会永久性地破坏小镇的风格。不过这种观点很难用具体数据来说明，没有数据能证明小镇真的会失去原来的"感觉"，也没有数据能衡量人们的生活会损失多少乐趣。

在会议主席宣布开始评论开发商的提案之后，整个大厅变得寂静了，只能听见椅子摩擦硬木地板的声音，一声咳嗽久久地回荡在室内。没有人愿意作无谓的争辩。这个时候，一个乡下老汉缓慢地站了起来。他穿着褪了色的花格汗衫、破旧的绒裤和一件海军式的毛背心。看着他迟缓的动作，没有人相信这么个人会有能力左右提案的通过。景点的产权人心里都在想，如果这就代表了反对他们的人，那他们早已胜券在握了。于是，他们更安心地靠在了椅背上。

老汉谨慎地考虑好措辞，之后开口说道："我不太理解那些数字，不过我看你们这些人都像是好人。你们的度假公寓让我想起一个人。他吃三明治的时候一定要吃腌黄瓜，咬一口三明治，咬一口腌黄瓜，再一口三明治，再一口腌黄瓜。他的午餐就是三明治，本身就够他吃饱了，但是他还必须得吃腌黄瓜。因为他说，没有腌黄瓜就不叫一顿'完整'的饭。先生们，你们的度假公寓就是一根天大的腌黄瓜。"

说完这番话，他又缓慢地坐下了。人群中一片寂静，好像都还没理解那段话的意思。之后，屋子的后面传出一点点隐忍着的笑声。笑声越来越大，而且笑的人也越来越多，好像人们终于理解了那老汉说的意思。虽然开发商提出的那么多条依据中，他一条也没反驳，不过他确实改变了整个争论的走向。度假公寓不再是什么经济基础，而变成了一根天大的腌黄瓜，一根没人需要的腌黄瓜。

这个比喻改变了人们看待开发项目的方式。高密度住宅本身与幽默无关，不过腌黄瓜确实是种可笑的食物，这点很可能引发了不少笑声。另外，腌制的食物还影射着一件东西变了味道，也就是改变原貌，这点人们很可能也注意到了。这个老汉说的话没有任何逻辑，黄瓜可以腌制，但没人能腌制度假公寓。不过也因为没有逻辑，别人也根本无从反驳。景点的产权人同样不可能说度假公寓不是腌黄瓜，因为本身就没人真说它是。不过从这时开始，人们就把度假公寓称为"一根天大的腌黄瓜"了。最终，这个小镇没有建造任何度假公寓，而那个滑雪场也在几年后关闭了。产权人们无可匹敌的资源优势加上他们充分的准备，都输给了一个比喻。

隐喻的说服力

看到一个小小的比喻起到如此巨大的作用，恐怕很多人都会惊诧，乃至费解。好在神经科学已向我们解释了大脑是如何运作的。感官数据在经过感觉皮质（sensory cortex）的处理之后，人脑会从记忆中调取一种与之相似的放电神经细胞分布模式（patterns of neural firing），通过将新的感受与过去的记忆进行对比，使我们认出新的感受。记忆引导我们远离事物的某些方面，同时引起我们对另一些方面的关注，可以说是记忆构建了感触。

　　这和比喻的原理基本是一样的，都是让我们将不了解的东西与了解的东西相对比。最著名的比喻可能就是罗伯特·伯恩斯（Robert Burns）的那句"我的爱是鲜红的玫瑰"。诗人为了让我们了解我们本不了解的爱，于是将它转换成了我们了解的东西，玫瑰。这个过程其实就是先让我们去想玫瑰的特点，然后将它对应到未知之爱上。想到玫瑰我们立刻就会想到高雅、脆弱、惊艳，如此对应之后，我们马上就会理解，诗人的爱也是高雅、脆弱而又惊艳的。

　　比喻还会在事情的原有基础上额外添加一个维度。虽然我们不是伯恩斯，但是仍然可以体验伯恩斯的爱，因为比喻有使我们身临其境的效果。我们不是仅仅思考比喻，还能感受比喻。比起纯粹利用逻辑，这个过程会引起更多心理活动的参与。再联想一下达马西欧的那个关于作决定的实验，我们就能发现，原来腌黄瓜真有如此之大的说服力。

　　玫瑰和腌黄瓜一样，都可以改变我们看待事物的方式。不过还有比这层次更深、影响更广的比喻。这种比喻决定了我们看待现实的方式，也决定了现实的本质。

　　认知语言学家乔治·莱考夫（George Lakoff）和马克·约翰森（Mark Johnson）总结出："现实生活中的一切，包括我们的思路、体验和行动等，几乎都属于比喻问题。"即使我们觉得自己在用最直白的语言表述一件事，用最现实的角度看待一件事，我们的感受与思想仍然是由根植于我们内心中的"观念之喻"所构建的。

　　根据科学史专家西奥多·布朗（Theodore Brown）的观点："观念之喻塑造了我们的科学思想与常识，而我们对身边物质世界的体验又塑造了观念之喻。"因为在意识觉醒之前，我们都是生活在物质世界中的动物，后来为了认识自己的体验，于是就求助于自己所熟悉的物质世界。只要是关于物质世界的问题，用这种方法来思考就很恰当。但是如果我们思考的不是关于物质世界的问题，那么这种比喻就变得不恰当了。这使我们舍弃了经验，用一种不恰当的方式思考，最终也只能产生无效率的行动。

面对物质世界中的对象，我们可以直接操纵并预测出它的反应。但是心长七窍的活人绝不可能这么简单。人会根据经验仔细考量，然后想出最好的方式来应对你。他可能会诱使你相信他将向东，其实却向西。也可能会与你达成协议，但在两分钟后又马上就反悔。他还可能会把自己的意图完全隐藏起来，让你无论如何苦思也猜想不透。

神经科学显示出，我们生活的世界是一个心理的世界。因此，所有以物质世界为出发点的思考与行为方式，注定都是失败的，尤其是在以人为对象的情况下。但是，因为我们错误地以为我们生活的世界是一个物质的世界，所以从未曾考虑过任何以心理世界为出发点的思考与行为方式。这导致我们中的许多管理者，要么行事不着边际，要么常常自讨苦吃。不过，只要我们认清自己的误解，并确保自己的感受、思想、行动都与这个世界的本质相符，那么我们的工作就肯定会变得更有成效。而这一切的起点，就是要先理解客观性范式与认知性范式之间的区别，以及这两种范式创造的不同世界之间的区别。

物质世界塑造了人的感知

先民只知道有物质世界，因此物质世界也决定了先民的思考方式。不论是观察其他人还是自己的心理活动，他们所用的方式，就是用来观察石头、土块或者大树的方式。无生命物质之间的相互作用非常简单，台球互相撞击的过程就能清楚地说明一切。一枚台球施力于另一枚台球，导致第二枚台球以一条可预测的路径运动。利用牛顿的三条运动定律和一些简单的数学知识，我们甚至可以计算出第二枚台球最终会运动到哪里。完全无须考虑任何台球桌以外的环境因素，或者球与球之间的历史。它们之间唯一的关系，就是那一次碰撞。

对表象世界的认识，影响了希腊哲人亚里士多德对思想的认识。他相信，"既然世界是由许多可被分割的部分构成的，那么正确的思考方式也应该与此相似。也就是将所有的组成因素分析出来，然后单独思考每一个。理解了所有的部分，也就理解了全部"。在亚里士多德的世界观中，"你能看到的与你能想到的就是全部你所能知道的"。因此，我们也可以这样认为："在观察一个对象时，我们是我们，对象是对象，对象不会受我们的任何特点所影响，所以观察也就是客观的。"

20 世纪中期，客观性的台球范式产生了行为科学，后者又以极快的速度成为了心理学的主宰力量。因为你能看到的是你知道的，所以你心里在发生什么状况，根本就无关紧要，也不需要关心。在管理上，激励员工的唯一方式就是通过外力，也就是所谓的"胡萝卜加大棒"。至于动机、人际关系、环境，统统不需要考虑。因为这种模式是如此的简单，而且又直接号召人的行动，所以影响了一大批实用主义的管理者。行为科学塑造了，并且仍在塑造着企业界的管理实践。

当然，我们早就已经超越了如此简单的看法，我们知道人不是工具——人有思想，人的行为受心理因素的驱使。但是比喻是种狡诈的东西，人很容易为其所害。物质世界是我们天然的比喻之源，因此，它仍然在左右着我们对世界的感受。如果不是这样，神经科学的发现也就不会让这么多人大惊小怪了。

一切都在心中

根据神经科学的结论，世界上没有绝对的事情，只有相对的观念。物体的相互作用遵循牛顿运动定律，但理念不会。同样地，理念也不会遵循亚里士多德的逻辑规律。在达马西欧的实验中，人决定从低风险套牌中抽牌，绝不是三段论逻辑推演的结果，而是人根据过去的经验感觉

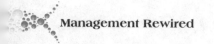

到这是对的。

生物人类学家罗伯特·安杰 (Robert Aunger) 认为，这个"感觉正确"的过程就是我们思索一切的过程。与亚里士多德的逻辑观念正相反，"人心中最强烈的渴求随机地给人提供了一些可行的选项，在我们的内心大环境下经过多阶段的心理斗争，最终形成了我们各自处理问题的不同风格"。不同的观念互相竞争，因此最能适应条件的观念，会在人心中幸存下来，并且进入我们的意识。

自然中这样的"生存竞争"无处不在，查尔斯·达尔文称之为"自然选择"，并且认为这是自然界的进化方式。根据他的观点，自然界中的生物数量远超过自然资源所能供养的数量；因此，生物互相竞争，只有更能适应环境的物种会被"选择"存留下来，并且可以将自己的基因延续给下一代。

自然选择不是一个静止的过程。其中随机的基因变异、有性生殖形式的基因重组以及基因的演化，这三者共同作用产生了具有不同性状的生物。如果生物的性状有益于自身适应环境，则这种生物将可以把基因传给下一代。环境同样也在变化，因此自然界在选择性状时的趋向也会不同。我们今天的样子不过是基因随机变异的产物，只是这种变异更能适应环境，于是被选择存留下来并得以繁衍。

如果大脑的工作原理与自然选择一样，是一点也不奇怪的。因为不论心理活动看起来如何不同，它仍然是自然中的一个过程。细胞新陈代谢产生了观念，观念又创造了我们生活的心理世界，所以心理世界必然也会进行自然选择。在这个由无生命物质构成的世界中，我们是一种以独立意志行事的生物。

这就是神经科学将带来的革命。物质世界将被正式认可为心理世界，客观的台球范式会被认知形式的自然选择范式取代。而我们，将更多地关注关系与环境，以替代物质与外力。

在思索世界的过程中，柏拉图的思辨明显比亚里士多德的客观逻辑更合适。在亚里士多德眼中，最本质的东西是实体世界（即物质世界）。但对柏拉图来说，最本质的东西是理念世界。因为柏拉图的大多数思想都与神经科学相吻合，所以我们可以通过他来更好地认识这个世界。

思辨带来进步

柏拉图相信人类无法避免主观。对于现实，每个人都有自己的版本，因此发现真理最好的方式就是互相展示自己的版本。这种方式被称为辩证法。本质上这是理念的竞争，以追求一种更全面的能包含正反双方的版本。在从理念到理念的过程中，我们在理念之间划出了等级，层层递进直到最大的一种理念。这理念有很多种称呼，可以叫"至善"，也可以叫"纯真"——是它指挥着我们的其他思考，并且确保思考的正当。

亚里士多德与柏拉图分别代表了实体世界与理念世界，暂且不论两人谁对谁错，单纯地在两人之间进行一下对比，就能看出哪个观念在人际交往中更有效。两人都希望说服别人，这实际上也是每个人实现自己目的的手段。在这一点上，亚里士多德从来就没有在说服力度上下过工夫，他认为所有理智的人都会为他强大的逻辑所折服。

而柏拉图却正好相反，他利用提问题的方式鼓励别人得出自己的结论。同时也巧妙地设下机关，在人心中构建出一种直接导向某种结论的环境。这种方式虽然不像实体世界观那样，寄希望于直接控制别人。但它大概是最有效地"打动"别人的方式了。

让世界的本质指导我们思考与行动，并不需要学习一套新的法则来替代旧有的逻辑。这正是大脑运作方式的美妙所在。我们需要做的只是随时随地思考一下认知性范式，它就会扎根在我们的神经网络中。各种各样的理念以及与之相配的行动就会随机地在我们心中产生。实际上，

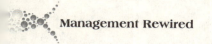

我们上面所谈的一切，都在为创造这样一种神经网络服务。现在，就让我们开始让大脑以最自然的方式运作吧。

我们生活在故事中

以神经科学为基础的认知科学正在变得日益壮大，其中的一个结论断言：**人类大脑的工作基础是故事**。认知科学专家马克·特纳（Mark Turner）说："故事是大脑的基本原则。我们的经验、知识、想法，多数都是以故事的形式组织起来的。"这一原则和理念及理念等级具有同样的重要性。很久以前古希腊人就认识到了这一点，但直到今天，两个千禧年已经过去了，它才为科学所证实。早在亚里士多德诞生之前，早在任何逻辑诞生之前，人类大脑就在通过故事认识世界了。

即使在今天，故事仍然普遍存在于我们的文化中，只是我们常常意识不到。我们不一定会注意到，晚间新闻其实是在讲故事；还有体育报道的背后也必须有个故事，即使体育本身没有，某个或者某几个主力运动员肯定会有；企业有企业的故事，某些花边新闻还能推销股票；律师们围绕着某个事实互相攻伐也是一种故事；没写作业的孩子会给我们解释出一个故事；我们选举出来的那些官员，也会给我们讲某种内外政策多么重要的故事。对于一种肯定逻辑与事实、否定虚构的文化，我们真的讲了太多的故事。

根据哲学家丹尼尔·丹尼特（Daniel Dennett）的看法："我们的故事是根纺线，不过多数情况下不是我们转动它，而是它在转动我们。"与其说我们在讲故事，不如说我们手里拿着剧本在演故事中的角色。因此，当我们遇到一个故事时，我们几乎立刻就能分辨出谁是主人公，快速地消化掉他或她的世界观，然后尝试着将之据为己有。这给了故事巨大的力量。比起逻辑论断，故事更能左右人的思想；也正是故事在构筑我们的经验，限定我们的思路，引导我们的行为。作为一种"动画范式"，故事为我们选择了应该去尝试什么、忽视什么，使得我们的感受符合故事情节，也使得故事最后成为了现实。

即使放开影响不谈，作为一种认识世界的方式，故事本身也有优于逻辑的地方，并且也更适应我们的心理世界。因为故事是别人的世界观，人在接受故事的同时，也就认识到了他人拥有的与自己不同的世界观。这防止了我们陷入以为自己能客观对待事物的思维误区。故事在本质上也能唤起人对环境与关系的关注，因为故事中人物的任何行为，都是由人物冲突驱使的。

和比喻一样，故事并不自称真实。因此也不会留下任何让人进行逻辑反驳的余地。**故事的存在，只是给我们提供了一种整合经验的方式。**

故事改变人生

鉴于故事对人类的巨大影响，我们可以说它是最有用的一种心理工具，可以完全替代实体的"胡萝卜加大棒"（既能帮我们理解他人的思想与行为，也能帮我们改变他们）。甚至有神经科学的证据指出：体察他人感觉的能力和讲故事的能力其实是同一枚硬币的两面——有一种生理失调症称作叙事能力缺乏症（dysnarrativia），表现为讲故事能力的缺失；患者同时也失去了读懂他人心理的能力，一点也不搞清楚别人可能会怎么想、会有什么感觉、会看见什么。患者所失去的，似乎不仅仅是对自己的感觉，还包括对他人的感觉。

只要我们能将自己置身于他人所讲的故事中，我们就可以充分地了解他，并可以进一步预测他的行动。就像我们可以根据很少的线索推断出一件事，我们同样也可以根据他人的故事中所透露出的少量信息来了解一个人。其中的缘由就如波特·阿博特（H.Poerter Abbott）所说的那样，

"每种文化都有有限的一些'主导情节'，不断被重复，并且成为文化认同的一部分。"最著名的例子就是霍雷肖·阿尔杰（Horatio Alger）的小说，"它是开拓情节的变种、直接倡导着美国文化所珍视的一切价值"。他的小说都有一个相似的主题：一个小伙子，凭借着艰苦的工作和优秀的品德，战胜一切困难，最终取得成功。只要我们遇见这种情节的一些元素，我们自己就能填补剩下的地方。

除了穷小子成功之外，我们还有其他的主导情节，比如：坏人得到应有的惩罚，英雄气短，男孩赢得或者赢不到女孩芳心，等等。在这么多故事中，我们最喜欢用来定义自己的情节是英雄，不论是须眉还是巾帼，最后都会赢得胜利。结局圆满的浪漫传奇是吸引我们的真正原因，而最终主人公的成就越伟大，它对我们的影响也就越大。

就像我们能分辨主导情节一样，我们也能分辨出常见的脸谱式人物（即脸谱形象）。我们习惯认为具有某种特征的人群会在不同的故事中担当相似的角色。完全可以据此发展出一套特征谱系，如慷慨、自私、勇敢、懦弱等。当我们发现某些人具有某种特征时，我们就倾向于据此推断他的故事。不久之前，《纽约时报》发表了一篇文章，声称我们的文化中产生了一种新的主导情节——"流氓总经理"。玛莎·斯图尔特（Marsha Stewart，美国家政女王）和肯·莱（Ken Lay，前安然公司 CEO 和主席，因财务丑闻而著名）两人被提名为这种常见人物的代表。

如果我们想知道某个人对世界的体验，我们可以尝试从我们的文化储备中提取出一些故事，然后通过观察他的行为、言谈及其他信息，找出其中最符合其特征的一个故事。倘若这个人是我们熟悉的人，我们还能获得他更多的信息。他的家庭、背景甚至他的梦想和理想。根据这些信息，我们就能推断出一个主导情节和人物类别了。这会帮助我们换位思考并理解这个人，最终让我们能使他依我们的意图行事。

我们不仅仅可以通过故事来读懂他人，我们对自我的定义也来自文化中的主导情节。我们都相信，只要和霍雷肖·阿尔杰笔下的主人公一样的勤奋，我们就能成功，这一主导情节指引着我们的行动，对这个定义了我们的故事进行定义有助于提高我们对自我的认识，使我们不至于完全被这种情节掌控。当然，我们也可以告诉自己一个不一样的故事，借此改变自己的思路和行动。

故事与理念和感受一样，是神经网络的产物，也可以通过重复来降低神经网络内细胞放电的门槛来获得。我们讲一个故事的次数越多，这种神经网络内突触的结构性变化就越大。如果我们停止了讲这个故事，突触的自然死亡就会削弱这种神经网络。如果我们重复地告诉自己一个新的故事，我们就会创造出一种新的神经网络，重复的过程也会降低这种神经网络内部细胞放电的门槛。这和通过练习来学习一种新的技能没有区别。神经网络越壮大，这个故事就越接近事实。

故事在别人身上也会产生同样的效果。虽然我们不能像移动物体那样给别人灌输理念，但我们可以通过讲一个不同的故事，也就是在人心中植入一种新的神经网络，来影响人的思维环境。因为我们心中拥有同样的主导情节和常见人物，所以只需要给人一点点恰到好处的细节，别人心中的故事自己就会发生变化了。比如，只要提起诚信而勤劳的男男女女，人们心中自动就会出现霍雷肖·阿尔杰的故事。

故事不仅仅可以帮助人们进行换位思考、自我定义、理念转换，它还可以作为出色的例证为人服务。就像比喻中那个吃三明治就必须腌黄瓜的人一样，故事同样也能让听众自己得出结论，不过这个结论是由我们通过讲故事的方式预先设计好的。因为人有一种天然倾向，会在故事中辨别人物，所以在他们体会到故事内涵的同时，也就体会到了其中道德的高下。同时，因为人人都喜欢听故事，所以比起逻辑论证，故事也更容易让人听完，不至于在讲到一半时别人就听不下去了。

不过对故事的利用绝不应该局限于"为人处事"方面。商业的运作虽然一直重视逻辑，鼓励人们摆脱情感干扰，只关注过硬的客观数据。但是达马西欧的实验清清楚楚地表明了，这是不可能完成的任务。即使完成了，也只能产生我们不愿意见到的结果。商业绝不是纯客观的事务，它是人类的活动。如果我们的商业评估只建立在收益表和资产负债表的基础上，我们就忽视了太多的东西。但如果我们能猜出他人心中的故事，我们就能了解到数字背后的真相，同时也就更有可能正确地行动了。实现这一目标的方法，就是不停地问自己他人心中的故事是什么样的，最终使自己形成一种新的神经网络。

亚里士多德模式小例子

在商业网站蓬勃发展的时期，我的一个客户要求我帮他评估一个他刚收购的公司。他们曾对这家公司有着极高的期望，虽然这只是一家在很小的区域性市场中运作的公司，但它有着可靠的雇员和忠实的顾客。我的这个客户当时的盘算是，如果他们能将自己开创的一种咨询服务引入这个公司的经营项目中，那么公司业绩必然会以几何级数增长。不幸的是，收购结束之后，他们面对的是一个接一个的失望。

我的这个客户所开创的咨询服务非常具有吸引力，它使公司取得了突飞猛进的发展。在公司日益壮大之时，董事会认为是时候雇佣一位新的总经理帮助他们更上一层楼了。这位新总经理拥有"金融魔术师"的美誉，据说她只需要看一眼公司的收益表和资产负债表，就能分析出这家公司有多大的潜力。董事会指示她尽力提高公司的收益、发展公司的业务。她立刻就制订出了"勒紧裤腰带"的方针，使成本得到了控制，之后又做出了种种努力来促进销售。成本下降了，需求量增加了，公司的股价呈良性增长趋势，作为回报，她开始计划对其他公司进行收购。

一个多月之后，她就发现了，第一个候选公司虽然只是一家名不见经传的区域性小公司，但是它看起来非常合适。只有一点，总经理对这个公司怪异的氛围感到有点担忧——这家公司位于美国东南部，而且以近乎荒谬的理由，支持着为数不少的党派；她感觉到仅仅靠"勒紧裤腰带"肯定不足以改造他们，于是他们订下协议，所有的管理人员必须由母公司空降，原来的管理者必须在协议生效之日即刻离职。

很快，新的管理人员就任了，他们的咨询服务也被引入到子公司的经营项目中了，所有人都充满了憧憬。虽然第一季度过去后，公司并未达到其利润预期，但是他们一点也不担心——公司兼并产生一些不稳定因素很正常。但是在下一个季度过后，不仅仅利润在持续下降，连公司总收益都下降了。总经理迅速地采取了正确的行动，从总部派出一位正经八百的"校正员"，希望他能让一切回到正轨。

但是又一个季度过去了，总收益和利润丝毫不见起色，而且似乎下降的趋势还在加快。最让公司担忧的是就连订单也在急剧缩水。这完全背离了所有的逻辑。收购之前的详尽调查显示出，这家公司拥有良性的客户基础，加上母公司的服务项目，需求量应该极大地增长才对。但事实似乎与此完全相反。

总经理更换了销售主管，并且把母公司最好的销售团队派了下去，希望能改变这种局面。公司还在这一地区投入了大笔资金进行广告宣传和销售人员的培训。但是这些全都无济于事。在季度末，公司的一切指标都呈现出下降趋势。更糟的是，根据母公司下派的销售人员回报，子公司的销售团队普遍表现出漠然的态度。他们在会议上永远一言不发，每次都仅仅是坐在那。

最终，这次收购的影响已经开始损害母公司的效益和股价了。这时他们找到了我，希望我能花几个星期的时间研究一下他们的公司，并给他们提供一些可行的建议。不过我只花了一天的时间就察觉到了问题之所在。原来损害他们效益的，正是母公司那个新鲜出炉的服务项目。

母公司的管理者在处理局面时，严格地遵循着自己的专业训练行事。他们先审视经营中的关键性指标，发现下降趋势之后，立刻采用最符合逻辑的行动。发现局面没有好转之后，又派出了一个铁面干事、雷厉风行、行事丝毫不留情面的销售主管。当需求量仍然与投入不成正比时，他们更换了销售人员，并且努力开拓市场。因为他们根本不知道背后的真实故事是什么，所以他们一点也不理解为什么业绩还在下滑。他们的一切努力都不是在对症下药，而是使局面恶化。

第一天我参加了一场销售营销会议，那天我所见到的东西很能说明问题。一位母公司下派的营销人员在子公司中主持这一会议，整个会议笼罩在"亚里士多德模式"之下。他不停地告诉员工们该怎么去做，当任何人表示出一点异议时，他马上就会重复说这个新服务项目是多么的好，它带给了母公司多么大的成功。没过多久，所有的异议就都消失了。我问了子公司的一位销售人员，有没有人问起过他，为什么业绩一直在下降，他的回答是"没有"。

子公司的员工们视自己这个小巧而强悍的公司为荣。当地文化很重视在工作和娱乐之间找到平衡，就像公司里流传的那个说法一样："永远有理由庆祝。"他们对成功没有兴趣，他们心中的故事是做合格的劳动者、合格的父母、合格的公民。他们视自己为社会的中坚和骨干。他们勤奋工作，也懂得享受时光。母公司的人在他们眼中像是来自北方的征服者，冰冷，过于严肃，而且还带着一种近乎傲慢的自信。是这些人扼杀了他们在工作中的所有乐趣。

　　只要子公司里的任何人，对母公司的方式方法提出一点点质疑，马上就会被不屑一顾地否决掉。这很快就让所有人都对母公司的派员心怀不满，而且也再没有人愿意提出任何有益的建议了。有人开玩笑地认为这有点像那个"霍根英雄"（Hogan's heroes，关于战俘的老电视剧，于1965－1971年间播出，讲述第二次世界大战纳粹战俘营中的盟军战俘们，机智、勇敢地在他们看守的鼻子底下领导了一个间谍组织并同德国人进行罢工活动的故事。）他们可以被征服，但先要让征服者吃尽苦头。公司的问题到底出在哪，从没人问他们，他们也从不主动去说。过了一段时间，他们只是变得完全消极被动了。

　　亚里士多德式的逻辑蒙蔽了母公司的人，让他们无法认识到子公司效益低下的原因。那个很热门的新服务项目，仅仅在一种特定环境下，在特定的竞争对手中，才显得热门。母公司的销售几乎只面对世界1 000个大企业，它的竞争对手也多是一些庞大的老牌公司，不具有可以和它抗衡的灵活性。但是子公司所在的地区没有1 000个大企业，当地市场中的小型企业对他们销售的这种服务毫无兴趣。另外，这里的竞争对手在灵活性方面丝毫不亚于该公司。为了销售母公司的服务，子公司放弃了自己的传统服务。结果就是，他们不卖别人想买的，没人想买的他们却在卖。

　　我把自己观察的结果告诉他们之后，经理和营销人员们就都打包回家了。子公司经过重组，又重新开始销售那种让他们取得成功的服务。最终，效益变好了，不过母公司在签订协议之前所预测的那种飞跃，从来就没有发生。经历过这个小插曲，母公司再次步入正轨。每个季度都发布出骄人的业绩增长率，并且继续在酝酿着收购其他公司。不久之后，我就被派往瑞士了。很明显，他们的第一次跨国收购也遇到了文化纠葛。

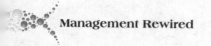

故事可以大大提升效率

虽然我们通常认为隐喻仅仅是一种修辞方式，但实际上，它更是心智运作的方式。在大脑中经过分散与重组的感官信息，只有在与我们所熟悉的东西进行对比之后才具有意义。在最深层次的心理世界中，观念之喻起着范式的作用，构建起我们对于世界的体验。它决定了我们的所见、所想、所为。因为在我们的心理世界还没有发展出意识层面之前，我们最熟悉的东西就是物质世界，所以很可能正是这个原因，使我们建立起了以物质世界为原型的比喻体系，并以此来解读心理活动和人类的活动。

承袭于客观性范式的常识扭曲了世界的面貌，使人的行动往往适得其反，同时也使人们容易忽视了还有其他更有效的范式。在对大脑的运作进行过一番观察之后，我们发现大脑的运作和达尔文所说的自然选择十分相似。随机生成的选项互相竞争，其中最适应心理环境的一个会被选择存留下来。因为我们生活的世界是一个心理的世界，所以认知性范式与我们的思考和行为方式更加契合。它告诉我们，**与其强迫别人按我们的吩咐去办事，不如创造一种以我们的意图进行选择的心理环境。**

故事是我们心智自然运作的方式，早在我们发明出逻辑来解读世界之前，它就已经存在了。我们心中的故事决定了我们的所见、所想、所为。通过故事，我们既可以了解他人的心理，也可以改变他人的心理。故事还可以作为商业分析的基础，它深藏在数字与逻辑关系的背后。不管是在什么情况下，它都可以带给我们更深刻的见解，帮助我们认识工作中的主导力量，同时也教给我们如何借力打力。

第3章

做生意的关键在于关系管理

人脑进化出了道德，目的正是
在人际交往中得势。

人际关系决定了生意的成败。

两个囚犯被控犯罪，被分别关押在不同的牢房里。警方手里没有足够的证据证明他们罪名成立，于是分别与他们会面，并向双方提供以下相同的选择：

如果一人认罪并供出另一个囚犯的罪行，他本人就可以无罪释放；

如果此人不认罪，但是另一个囚犯认罪了，那么他就要面对10年的刑期；

如果两人都认罪了，则每个各3年刑期；

如果两人都不认罪，则两人都可以无罪释放。

这就是经典的囚徒困境（Prisoner's Dilemma），博弈论学家的最爱，人际关系心理学的常用案例。

它揭示了人类的两个本质：

第一，我们的行为与他人都是互相牵制、彼此依赖的。我们被他人的行动影响着，我们的行动也影响着他人。因此，在我们作出任何决定前，都必定会以己度人地考虑到他人可能的反应，反之亦然。

　　第二，所有人，都会先为自己的利益盘算。

竞争还是合作

　　从逻辑上出发，每个囚犯在作决定前应该考虑的问题，是一个简单的数学问题，只要计算一下相对的代价和收益就可以了。如果一个囚犯认罪了，而另一个没有，则认罪的囚犯被无罪释放。如果两人都认罪了，则两人各判 3 年。也就是说认罪这一选择，产生的结果或者是无罪释放，或者是 3 年徒刑。

　　另一方面，如果两个囚犯都不认罪，则两人皆可无罪释放。但是如果其中一个囚犯不认罪，另一个认罪了，则不认罪的囚犯就要被判 10 年徒刑。也就是说不认罪这一选择，产生的结果或者是无罪释放，或者是10 年徒刑。

　　因为两人互相都不清楚对方将作出怎样的决定，所以最安全最理智的决定，就是认罪。"3 年或无罪"要好过"10 年或无罪"。但是，因为认罪的决定会对另一个囚犯产生不利的影响，所以他们实际上是将双方的利益对立了起来。

　　这和我们在工作中的人际关系不无相似之处——与同事合作共同提高团队业绩，在长远上符合我们的利益，同时升职与奖金制度又让我们互相竞争。虽然我们可能会从公司的大局出发，希望建立一种合作关系，但我们无法保证其他人也是这么想，同样别人也无法确信我们会这么想。

　　在囚徒困境的设定中，两人之间无法交流，决定的机会又只有一次，没有任何符合逻辑的方式能让两人建立起合作关系，共同受益，最终打破困境。不过在现实生活中，人与人之间有很多机会可以交流，而且人际关系也很少是"一锤子买卖"，通常情况下，我们要面对许多次同样的抉择。

为了模拟更现实的情况，研究者想出了一个可重复进行的囚徒困境，分割成很多局。每一局，囚犯都可以把上一局中自己和他人的决定所产生的影响考虑进来，同时还可以预测这一局的结果会让对方在下一局中作出怎样的决定。这使得囚犯甚至可以通过在某一局作出某一决定，来向对方透露自己的意图，实现交流。多局设定加上可以透露意图，竞争关系就有可能转化成合作关系了。

一报还一报

那么，这个可重复进行的囚徒困境结果如何呢？因为理智的选择是认罪，所以根据理性，两个囚徒所追求的都是让对方从认罪转化成不认罪。比如说第一个囚徒认罪了，如果第二个也认罪了，那么两人就陷入了一种互相对抗的恶性循环之中。但如果第二个囚犯不认罪，那么这只会更加强第一个囚犯认罪的信念。这是一个困境。

解决方法是，任意一个囚犯首先开始不认罪，这样向对方传递出一个合作的信号。这有悖于我们的理性思考，有悖于常理；如果第二个囚犯理解了这一信号，并且在下一局中没有认罪，这样两人之间的关系就成功地转变成合作关系了。但是如果第二个囚犯坚持认罪，那么下一局中，那个已开始不认罪的囚犯就会再次认罪，以传递出一个信号，即对抗行为会遭到同样的报复。这同样有悖常理，因为这个囚犯是在通过对抗来换取合作。在接下来的一局中，这个囚犯会重新开始不认罪，再次传达出合作的意图。

政治科学家罗伯特·阿克塞尔罗德（Robert Axelrod）让电脑程序演绎了一次可重复进行的囚徒困境。将近200局过去之后，表现最出色的程序所用的正是这一战术，称为"以眼还眼"。程序设置的目标是合作，不过也会通过对抗来防止自己陷于不利。因为永远对抗会让你在恶性循环中越陷越深，而永远合作又只能加强对方的对抗行为。

这种博弈体现出，**参与双方都有能力将对抗转变为合作**。但是在客观性范式的世界观中，"以眼还眼"战术显得不合逻辑。因为我们认为自己是独立的个体，我们的行为并不受他人影响也不会影响他人。然而在认知性范式的世界观中，我们关注的是人际关系，因此，这种反常的战术倒显得十分正常。

我们的故事并没有就此结束。研究人员在原始设置的基础上又想出了一个变种，他们将所有参与者分成两组。一组人在开始前听了一个新闻故事，讲一个牧师捐献了自己的肾。另一组人听了另一个故事，讲一个牧师犯了谋杀罪。后来，听了捐肾故事的人明显更乐于合作。在实体世界观中，听了这种故事不可能改变人参与博弈的逻辑。只有在心理世界中，理念才能改变一切。

人才才是硬道理

理性思考努力避免情绪化，保持客观。因此，企业界倾向于通过亚里士多德式的逻辑将从事商业的人与商业事务分开对待。看企业常用来对照两者的术语便可知一二。车间和设备称为"硬件"，人员称为"软件"。金融理念、战略、运营技巧，是"硬的"。与人事有关的是"软的"。

多数机构习惯把软的人事从经营中剥离出来，划归到人力资源管理门下，相应的地位和奖金都比其他部门低。这就是所谓的"杀鸡不用牛刀"——将部门经理从人事管理中解放出来，以处理更重要的经营事务。在我事业的起步阶段，我为一家大公司主持培训与发展，有一个部门经理这么称赞我："对于一个处理人事的家伙来说，他的能力很强了。"

如今，我帮助人们进行战略构思和实施已经超过 20 年了，在人们向我咨询时，我发现大多数问题的背后都是人事问题。中西部一家银行雇我帮他们重新制订战略，进行机构设计。不过后来我才发现，他们出问题的根源是总经理和财务总监之间的纠纷。我在为一家顶尖的管理式医疗服务机构进行医师管理能力培训时，发现原来我真正的工作是帮助总经理处理他与总裁之间的关系。一家制药公司要我帮他们重新设计研发制度，而他们之所以需要我，是因为管理者无法与那些都受过高等教育却又一盘散沙的雇员相处。

我见过一个优秀的主管，来自一家成功的高科技企业。他经常想方设法挽留我不让我离去，因为他"确实不善于对付人"。正是这时，我才真正意识到人事的重要与管理者的不善人事。这人是个卓越的战略家、天才的运营者，所有雇员都衷心地拥戴他。但是，3年之中我1/4的时间都用来帮助他应付"难搞"的管理者了。不管多复杂的经营问题，他一人都能应对自如，但只要关系到人，他就希望能有个帮手。

不论我们是否承认，人际关系都是经营中最棘手的问题。多数神经科学家都同意，我们的大脑之所以体积如此之大，是因为在进化过程中，这样能更好地适应社会环境的要求。事实上，对原始人而言，平均脑体积的大小直接反映了社会组织程度的大小。对比一下两种范式对于生物活动的认识，就能看出其中缘由。

该不该一脚飞踹那只挡路的狗

在物质世界中，我用球杆击中台球，使球撞向另一枚台球，传递给那枚台球一部分力量，并使其产生运动。系统论专家欧文·拉斯洛（Ervin Laszlo）认为，牛顿式的世界观已经被搬到生活中来了，"因此，当我们说到人的'反应'时，就好像在说一枚被击中的台球"。当然，有思考能力的生物之间的关系，绝不是这么发展的。

假设我走在一条林间小路上，一条狗对着我狂吠并且挡住了我的去路。经过一番逻辑分析，我决定以足够的力道迅速地踢狗一脚，使狗移动到离我足够远的距离之外。不过这一番思考没有考虑到我和狗之间的历史以及我们各自的想法。使狗移动位置的绝不是牛顿力学，而是狗对我这一脚的解读方式，以及它所决定的应对方式。我这一脚的直接目标是让这条疯狗给我让出路来，但这一脚的影响却远超出我的直接目标之所及。

被踢了之后，狗可能会因恐惧而逃走，也可能会因愤怒而掉头进攻。如果它向我亮出獠牙，警告我快点离开，我的反应也依赖于我对亮牙这一行为的解读方式，以及我本身对疼痛的忍耐能力。我可能会向狗冲过去，中途又停下，希望以此来吓住它。没准狗就真的这样被吓跑了，又或许它想要进行这场战斗并且直接发起进攻。不管是哪种反应，我都会根据狗的行动来作接下来的决定。之后，狗又会根据我的行动来作决定。

认为人的行动独立而不受外界影响毫无道理，因为一个人的行动是以他人的行动为依据的。一枚台球撞击另一枚台球之后，我们几乎可以肯定地说它们之间的关系结束了。但是我和那条狗之间的关系，是一条交替进行的行动链——我的行动影响着狗，狗的行动也影响着我。不同的行动可能会导致对抗升级，直至两败俱伤；也可能会让双方陷于一种互补的模式——随着我的攻击性增强，狗的防御倾向也会增强，反过来也一样。

互动的观点理清了被逻辑混淆了的真相。我们认清了是关系左右着我们的行动，因此，在我们决定行动之前，需要先猜测到他人可能的反应，再决定我们该做什么。我们也明白了发生在某一特定时间段的事件并非孤立的。它是过去的结果，也在塑造着未来。我们认识到多方关系是各

55

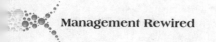

方互动行为的结果，而且一方的改变会导致另一方相应的改变。

透过认知性范式我们很容易就能理解关系的影响，虽然在逻辑上它是那么的令人惊异。踢狗一脚向狗施力，逻辑上的结果只是让它飞出很远，但是因为双方关系的影响，它也可能会奔回来狂吠。认识到这种影响，我们就可以预测到生物对我们行动的反应，获得"先发制物"的优势。

反其道而行之

人与人之间的关系比这还要复杂。人心中的高级理念左右着他的决定。也许我要对付的那个人刚听说了一个新闻，讲一个牧师捐献了肾脏，或者这个人刚被老板狠狠训斥完，正要找一个对象释放自己的攻击欲望。不管是哪种情况，逻辑都于事无补，只有认知性范式主导的思考才能帮助我们。

在我事业的起步阶段，花旗下属的一家分公司要求我为他们作一个报告，向他们展示一下我公司的实力。最终他们会根据结果来决定是否和我签合同。这是一次极好的机会。那个时候花旗银行是最大的一家银行，比所有银行都高端，也更具扩张性。随着他们的成功，他们也变得越加傲慢。业界盛传着花旗银行的人都不是好惹的，但是对我来说，与他们合作不仅意味着巨大的经济利益，同时也对我未来的发展有着很大的帮助。我必须得承认，当我踏入他们在派克大街上那座豪华的办公楼时，心里不仅紧张，而且充满了敬畏。

我在接待区等候着，看着他们的员工在忙手头的事情。这段时间我一直在默思自己的报告，让它尽可能的干净利落而且恰到好处。我花了很多心血让我的材料尽可能的出色，也付出了很多时间不断地复习，希望在现场能表现得让自己满意。时间过得非常慢，永远好像都已经不远了。终于，他们请我进入了会议室。

甚至在我还没坐下时，主管就向我表示出他们根本不需要我。他问我有什么经验能对他们有价值，能在他们那么复杂的贸易中起到作用。但是他根本不给我机会回答这个问题，还有其他问题也一样。其实回答与否看来根本无关紧要，因为他们的问题本身就像是一个形式，根本没人关心我想说什么。他们更关心的是自己想说什么，而他们想说的，无非就是我有多么浅薄，多么无能。

每当我试着发表看法时，都会被打断。我精心准备的公司简介他们连碰都没碰。这种可悲的局面就这么一直继续着，终于，他们好像把能说的暂时都说干净了，停顿了一会。我终于有机会说话了，不过考虑到人际关系的影响，我知道我不可能反驳他们。我又回想起囚徒困境，这让我觉得似乎顺着他们说，而不是按常理那样反驳他们，会更好。

于是，我说道："先生们，给我一分钟，我就能给你们解释清楚，为什么你们是对的，为什么我绝不是你们要用的人。"这段话刚一出口，他们就对我关注了起来。从这时起，他们就开始反驳说我正是他们要用的人了，而且跟刚才一样坚决。

或许他们就是在享受挑选顾问这个过程，又或许他们只想把自己的消极情绪发泄到另一个人身上。不管是什么原因，他们已经准备好要反对我所说的一切。但是因为我不按常理行事，与他们合作而不是对抗，借用了人际关系的影响，最后使他们站在我的立场上为我辩驳了。同时，我察觉到了，在他们心里的自我定位中，人人都渴望与他们合作，于是我避开了这一点。从此，我和他们之间持久而又回报丰厚的共事关系就开始了。

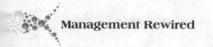

镜像神经元与心智理论

从神经科学的角度出发，经商比我们想象的要复杂得多。在逻辑与常识的世界里，我想做什么直接去做就好了，根本无须考虑人际关系和不同思维习惯的问题，简单得和打台球没有区别。但是现在科学告诉了我，我的行动受制于人际关系，做事前必须考虑到他人的想法。不过谢天谢地，我的大脑最自然的运作方式正是神经科学所说的方式。

人脑中有一种独特的神经细胞，称做镜像神经元（mirror neurons）。这是神经科学的最新发现之一，也引起了很大的轰动，因为镜像神经元解释了关于人的许多问题，包括为何能掌握语言、为何能操作技术等等。这种神经细胞最早被发现是在恒河猕猴身上。人们发现，无论是猕猴自己表现出的任何行动，还是观察着别的猕猴的行动，这种神经细胞都会放电。后来，人们在人类身上也发现了镜像神经元，只不过与猕猴身上的略有差别。

在猴子的大脑中，行动必须围绕目标进行，但是人类大脑内的镜像细胞放电却并不是如此。人脑内的前额叶皮层同样会参与到这个过程中来，这使得我们可以模仿更复杂的行为，同时也能把握他人行为背后的意图。当我们看到一个人穿过房间时，我们的大脑不会原样再现这个过程，而是反映出这个人走过的方式（比如踱着探戈步走过），同时还会反映出他的意图（比如在教人跳探戈）。我们不仅仅是在心中模仿他人的行为，更在模仿他人在做出这种行为时的心态。人脑中似乎还有专为情感而设的镜像神经元。因为患有自闭症的儿童不具有这种神经元，所以研究者相信这种神经元是社交能力发育的关键。

于是我们有了同理心

镜像神经元的发现为心智理论（theory of mind）提供了生物学基础。早在 17 世纪，人们就发现人具有体察他人心理活动的能力，我们称它为心智解读能力，是心智理论的基础。我们不仅能察觉出别人拥有不一样的意图、欲望和目标，还可以精确地判断出这是个怎么样的人。儿童在 4 岁时这种能力开始发育，同样，患自闭症的儿童不具有这种能力。不过人的心智解读能力并不完美。我们在运用它时常常搞错对象——宠物、其他动物，甚至带有某种意图运动的几何图形都有可能成为我们的对象。

我们把心智解读能力和镜像神经元赋予我们的能力称为移情。与其他物种不同，我们进化出了一种本领，使我们能穿别人的鞋，体会别人所体会的世界。很容易就能看出，**移情所起的正是社交润滑剂的作用，也正是它让我们能有效地进行沟通**。而利用好这一天赋，必将使我们在处理商业关系时更加成功。

理解他人的体会不需要我们付出多少努力，因为我们的大脑会自动模仿他人大脑的细胞放电模式。我们不需要费心去猜他人心中的故事是什么样，因为我们的大脑自动地在生产着同样的故事。我们也不需要去猜他人对我们的行为会有什么样的反应，因为他们的反应肯定和我们的一样。我们所要做的只是，让大脑以自然的方式运作。

不过这里有几个陷阱需要注意。

有人说过，要穿别人的鞋，你先得脱掉自己的。我们常常会陷入自己的体会中不能自拔，并且将它投射到他人身上。因为无力抑制自己的体会，我们常常会在理解他人的体会时出现偏差，而且这个人与我们区别越大，这种偏差就越大。关于为什么我们无法抑制自己的体会，有很多原因，不过解决方法却很简单。

实验证明，我们能够有意识地改变自己的情绪，转变自己对某件事的感觉。试验中，志愿者在看到一张女人在哭啼的照片后，最开始都表现出消极的情绪，但是在后来他们得知这个女人是婚礼之后的喜极而泣，此时大脑扫描显示，这些志愿者的大脑内情感区域的活动明显减少了。产生这种结果的原因是前额叶皮层释放的"神经传递素"复合胺抑制了类扁桃体的活动。

根据同样的原理，我们也可以抑制自己的体会。只要我们相信他人的体会更重要，我们就能有意识地将注意力集中在他人的体会之上。不过，因为理念能改变人的心理结构，所以了解镜像神经元和心智理论本身就能让人在潜意识中抑制自己的体会，从而更加重视别人的体会。

移情的意义，还在于把事物看做另外的一种样子。在这里，我们的想象力发挥了关键性作用。在亚里士多德的宇宙观中，你能看到的就是世间的一切，在这里想象力不仅仅不重要而且也没有开发价值。但是如果世界是一个心理的世界，万事万物都变成了我们的想象，那就相当于给我们的想象力插上了自由的翅膀。当我们又接受了认知性范式的时候，转移自己的注意和运用想象力，更将变得加倍地容易。

真心接纳顾客的想法

虽然我们的大脑进化出了移情的能力，不过想要让镜像神经元和心智解读能力充分发挥作用，我们必须得先认可管理人际关系的重要性。在传统观点中，管理人际关系只是处理和雇员的关系而已。但是如果真的想做个成功的管理者，还必须处理好和顾客、供应商、同事和上司之间的关系。不明白的地方就问，这能帮助我们更好地了解他人的观点，而了解他人心中的故事能帮助我们处理好和他们的关系。

设计精巧的产品或服务、高效率的运营方式、巧妙的管理方式，这些都是好东西，但是如果没有了顾客购买，就毫无意义。有了顾客，就有了一切。不过你也必须得满足顾客的一切要求，让他们满意。客与商之间存在着一种天然的矛盾：顾客永远都想花更少的钱，但是买到更多的东西；而商人永远都想付出更少的东西，但是赚到更多的钱。另外，对于一个机构来说，顾客永远都像是一种闯入者，好像在打扰我们手边重要的工作。只要记住这两点，合理的行动就应运而生了。

我们只需要有意识地放下自己的体会，站在客人的角度，给他们我们作为客人时想要的待遇。这说起来也许有些简单化了，不过让客人满意的关键，就是去问他们想要什么，然后满足他们。同时，我们还要小心，不能为了短期的获利，而损害长期的客户。有一段关于里昂·比恩（L.L.Bean）公司的佳话，说他们无条件接受所有退货要求，甚至还接受过一套不是从他们那买的雪地防滑轮胎的退货要求。还有丽思卡尔顿酒店，据说不管客人有任何不满，他们都会为客人减免账单，使客人满意。但是，我的手机服务商却在强迫我接受一种我不想要的服务项目，而且在手机出问题时还不来帮我处理。以后我在选择商家的时候，你们说我不会选谁？

达马西欧的实验说明，人们根据情感而非理智来决定从哪套牌中抽牌。其实，我们在作购物决定的时候也是这样。性价比最高、最可靠的车，我们不一定会买。我们买车的理由，常常是因为这辆车满足了我们对品味的追求，或者是因为我们喜欢它的风格，又或者我们热爱高速行驶的快感。同样的理念也可以转变我们的情绪，改变我们对某种产品或服务的看法，特别是在以叙事方式进行宣传的情况下，最为有效。只要我们真正站在顾客的角度开始体会，我们就能把自己的产品或服务融入到他们的故事中去，或者也可以创造出一个更加诱人的新故事。

在我们面对顾客时，我们所有人都可以给予顾客超出必要程度的服务，当然也可以低于必要程度。我要考虑的东西可能是咨询建议、技术支持、新闻时效或者付款方式，不过在实施时，我们都会根据自己对客户的感觉行事。供应商所处的位置和我们一样，与其把他们的服务视为理所应当，或者不停地拉低价格直至拖垮他们，我们不如和他们建立一种良好的关系，使他们在为自己考虑时也会考虑到我们的利益。

因为我的工作是为人提供一种专业服务。所以我行事一直都以客户为中心，并且追求尽善尽美，不过我仍然需要作出很多决定。

比如夜里两点时，我精疲力竭，这时候客户要我帮忙，我应该多加这一小时班吗？还是我应该告诉他时间太晚了。我应该应客户的要求，飞7个小时的航班去参加一次两个小时的会议吗？还是我的日程表应该正巧这时满了。客户给我的生意真的能给我兴奋，刺激我的"神经传递素"分泌，让我思考得更快，工作完成得更好吗？

与我共事过的总经理中最成功的那些，都和我保持着非常好的关系。每次我去他们的办公室见他们时，他们都会请我吃饭，而且一般都是他们亲自陪我。在饭桌上他们会问我，我的生意进展如何，而且表现出真实的关切。他们都精心地照顾着我的工作预算，从来没有强迫我降低收费。不过最重要的一点可能是，他们会把自己的理念叙述给我听，让我几乎和他们一样为此兴奋。

把老板当成顾客

在所有客商关系中，几乎都存在着潜在的囚徒困境，我的一个客户在处理这个问题时做得非常出色。在我给他打电话两个月之后，他通知我，他决定把他们公司所有需要咨询建议的地方都交给我的公司，我很惊喜。我问他，你都没有查过我公司的履历，怎么就知道我们能做好。他告诉我他相信我们肯定能，而且出现任何问题，我们双方都可以一起解决。我又说，我收费多少你们也没问过呢。他回答说他确信我会合理收费的。可能是我的镜像神经元开始放电了，不管是什么原因，我以善意回报他的信任。为他工作的时候，我付出了最大的努力，而且尽可能地少收取他的费用。我们一起共事了将近 15 年的时间。

处理和同事之间的关系，往往会出现一些不确定因素。有时他们是我的客户，有时他们又是我的供应商。就算没有这两层关系，他们在老板面前对我们的一句议论，也有可能会让我们受害或者得益，而且今后他们也有可能会成为我们的老板或者雇员。不过处理与同事的关系和其他关系是一样的，我们要站在他们的角度去体会，通过问问题的方式来确保自己的体会是正确的。理解他们心中的故事，并把我们的故事传达给他们，争取获得他们的支持；但是我们仍然不能忽视潜在的囚徒困境。

有一次，我的项目团队中的一个同事，自告奋勇要完成我们调查报告的最后一步。但是在给赞助商进行汇报的会议上，他却无视了团队的意见，把自己的见解当做团队的意见告诉了赞助商。我发现了他的见解存在一个问题，赞助商也发现了，向他提了出来。他却回答说，他也注意到了这个问题，但是被团队压过了！我太天真了，还以为他不会告发我们呢。

根据阿克塞尔罗德的研究结论，我们应该主动去相信别人，确定一个合作的基调，这样就可能引起他人镜像神经元的模仿。不过如果别人已经开始占我们的便宜，我们就不应该那么轻信了。我知道那位同事肯定在告诉自己一个故事，为自己的不诚实提供道德依据。我的错误是没有事先预防。后来，我仍然主动相信别人，但是同时永远都保持着对人性中自私的警惕。

可能最违背常规的一种人际关系就是与老板之间的关系了，因为传统看法认为，这是老板单方面负责的问题。20 世纪 80 年代初期，约翰·加巴罗（John Gabarro）和约翰·科特（John Kotter）写了一篇论文，刊登在《哈佛商业评论》上，题目就叫《管理你的老板》（*Managing Your Boss*）。在文章中，他们推荐人们应该向老板提出一系列的问题——问他的需要、他的目标和他欣赏的工作方式。通过这种方法，我们就能像管理顾客那样管理老板了。这既简单又聪明，问老板需要什么，然后给他。可能有些人会担心这种方式太一相情愿了，那可以先送老板一本《哈佛商业评论》，让他读了那篇文章，把这变成两相情愿。另外，没有管理者不喜欢渴望成功的雇员。

主动管理人际关系会使工作变得更加容易，而我们所用的工具实际只是人脑的集成设备。根据神经科学的发现，**管理人际关系所要求我们去做的，无非就是有意识地转移自己的注意力而已。**虽然世界上还是有很多马基雅维利（15 世纪意大利政治学家，对西方的国际关系理论与政治理论的形成具有深远影响，著有《君王论》一书，认为统治与管理人民的最好方式就是威逼加利诱）的信徒，不过偶尔用一些违背常规的工具其实更有好处。

影响力策略

从柏拉图的《对话录》（*Dialogues*）到戴尔·卡耐基的《人性的弱点》（*How to Win Friends and Influence People*），历史上教导我们该怎么得势的箴言层出不穷。通常情况下，人们反感这样的策略，认为这是在利用别人，不道德。但是我们必须记住，**人脑进化出了道德，目的正是在人际交往中得势。**因为人脑的构造正是朝着方便人际交往的方向进化的，所以对某事道德与否的判断，实在应该以结果为依据，而不是手段。

心理学家罗伯特·西奥迪尼（Robert Cialdini）在他的著作《影响力》（*Influence: Science and Practice*）一书中，用科学的观点阐述了这一主题，而且还提出了 6 种不同的策略。不管我们是否真的要对别人使用这些策略，了解都是必需的，因为肯定会有人对我们使用这些策略。这些策略往往触及人类行为的本质，奇怪的是，通常我们已经用了这种策略，但自己根本意识不到。

（1） 互惠（reciprocation）

这点在人与人之间的互动中体现得尤为明显，因为这是使人群融合成社会的强力胶。当某人为我们做了什么时，我们都会觉得自己也应该回报他点什么。当我们帮别人的忙时，实际是在积累社会资本，以备将来。西奥迪尼以一个实验为例说明了这个问题，他请了一些人，让他们先请另一个人喝酒，过一段时间，再去拜托这个人帮自己买奖券。对于大多数人来说，别人请自己喝酒之后，他在帮别人买奖券时，都会多买出一倍的价值，以示回报。如果在别人还没有拜托我们的时候，我们就主动帮助了别人，其实我们心里已经认定了他将来会帮助我们。

（2） 承诺与一致（commitment and consistency）

我们已经认识到了，现实在我们心中所形成的版本是持续的，并且我们会努力保持这种持续性，要么通过压抑不和谐信息，要么通过合理化相关资讯。好好利用这种心理驱动力，将可以让我们获益。我们可以先让别人接受某一种依据，然后再请求他按照这一依据行事。西奥迪尼称之为"承诺与一致"。有这样一种古老的销售策略：设置一系列必然会得到肯定答复的问题，然后在最后一个问题中兜售自己的商品。大概就跟下面这个例子差不多："你爱你的家人，对吧？你不希望他们活得毫无保障，对吧？如果你出了意外，你希望他们能得到妥善的安置，对吧？那你肯定也愿意买我们的人寿保险，对吧？"

这种策略之所以有效果，是因为大脑内部理念的等级结构。正如我们所了解的，高等级的理念左右着与之相关的思想和行动。使用这一策略时，我们根本无须像推销员一样喋喋不休。只需在某一原则上与人达成共识，别人自然就会按照我们希望的方式行事了。

（3） 社会认同（social proof）

社交是人脑最重要的一种功能，再加上生存是史前人类必须通力协

65

作面对的问题，因此，我们完全可以利用社会认同来刺激别人依照我们的意图行事。可以把这当做攀比心的力量，借用这种力量免去了我们说服别人的麻烦。一个人只要心里知道某个人在做某件事，那么他心中寻求认同的本能就足以驱使他去做同样的事了。**我们可以通过强调某一件事情已经有多少人在做了，来达到这一效果。或者，我们也可以一个一个地说服所有人，制造一次草根运动，自己创造条件来调动别人的攀比心。**目标可以是地位高的人，也可以是思想导师。当然，前一种效果最好。

（4）喜好（liking）

利用喜好大概是最明显、最常规的策略了，但在实践中也常常被人忽视。当我们对某人有好感时，我们就很自然地愿意照他的意思做事。因此，在我们请人帮忙之前，先下工夫建立起一种友好关系，会起到事半功倍的效果。**最简单的一种建立友好关系的方法，大概就是去想清楚自己希望朋友做什么，然后照着去做。**关于这点有一些基本原则；我们喜欢那些与我们有共同点的人，因此树立共同的利益点非常重要。另外，我们喜欢那些常常陪着我们的人。还有一点我们在童年时就知道了：如果你想要朋友，就先表现得像个朋友。我们喜欢那些喜欢我们的人，所以一般情况下，只要我们去喜欢别人，别人就会以同样的感情来回报我们了。

（5）权威（authority）

超过 20 年的时间里，在所有的管理学研讨会中，我每次都会用一个短语"研究结果显示"，已经说了不下几千次了，但从没人问过我什么研究。我们对权威有着一种难以置信的尊重。在一个由斯坦利·米尔格拉姆（Stanley Milgram）主导的经典实验中，一位穿白大褂的研究者向一群人下达指示，让他们给一个陌生人施加可能危及生命的电击，这些人基本都选择了服从。即使在某个人患有心脏病的情况下，也是如此。不过对于权威来说，我们更尊重专家的权威，而不是企业官员。

（6）**短缺**（scarcity）

西奥迪尼的最后一个策略，又可称做"物以稀为贵"，这很可能与达尔文的"适者生存，物种竞争有限资源"有关。不管是什么东西，只要我们听到那是最后一个，或者是最后一天，我们就会本能地想要行动。不过这种策略，我一直觉得是最难利用的一种。它一般都被用在顾客身上，但它总是给商家招致过多的反感。作为一种汽车销售的惯用策略，它是当之无愧的臭名昭著。

虽然这些策略已被证明有效，不过不应该乱用，也许只有在我们陷入囚徒困境时，或者遭遇马基雅维利的信徒时，才适宜使用。如果我们做事时追求的不仅仅是利己，同时也想利人。我们只要创造一种新的关于某一高等级原则的神经网络，这样正确的行动也就自然生成了。如果我们不去利用大脑天生的能力，在要人帮忙前，不先去创造一种好的工作关系，那就是在自找麻烦。

人生成败决定于关系管理的成效

不管我们承认不承认，经商其实就是管理关系。客观性范式使我们相信，我们只要一心追求目标就可以，不用管其他的事情。而认知性范式，虽然违背常理，却告诉我们"这样常常会让我们自讨苦吃"。在大多数人际关系中，都存在着与我们的利益既可以相同又可能冲突的其他囚犯。

我们唯一要做的一件事，就是充分重视与我们共事的人，预测他们的行动，选一种方式让他们依我们的意图行事。并且时刻记住我们与他人的关系不是恒定的，过去、现在、将来都有可能不同。不过我们很幸运，因为我们的大脑本身就搭着这条线路。镜像神经元和心智解读能力，让我们可以快速而有效地置身于他人的体会之中。

当然，我们必须先抑制自己的体会，这需要我们主动地把注意力从自己身上转移到其他人身上。而且我们的大脑本身其实也搭着这条线路。我们要做的只是，牢记人际关系的重要性，记住我们需要积极主动地去管理关系。神经科学的阐释只是为我们提供了过硬的证据，在逻辑上证明了大脑的工作方式正是如此，并非其他。让我们能够放心地关注人际关系，放下对其他东西的过分强调。

不能再把我们工作和生活的世界当做是遵循牛顿定律的台球桌了，我们必须认识到，是人际关系决定了生意的成败。我们应该积极主动地管理好自己与顾客、供应商、同事以及老板之间的关系。为了能更好地体会他人的感觉，我们可以利用提问题来搜集信息，储备别人对我们的信赖。我们喜欢听故事和讲故事的本能，让我们有能力深刻地理解别人行为背后的驱动力，也让我们可以影响他们的心理环境，最终使他们依我们的意图行事。

人脑是朝着有益于社会交往的方向进化的，我们应该相信自己的大脑有能力为我们提供建立良好工作关系所需要的信息，不过有时我们也不妨借用一下西奥迪尼的调动策略。就算不为别的，我们也必须意识到，在马基雅维利写出《君王论》（*The Prince*）数个世纪之后的今天，仍有许多人将之奉为经典。不过因为这些策略只是借用了心理活动的力量，多数情况下我们可能已经用了而自己却不知道。

当然，还有一种关系我们没有谈过，就是管理者与雇员之间的关系。所有关系的处理都存在着困难，合作与对抗之间的僵持常常会破坏一切。我们预想中要发生的往往没发生，而发生的却常常违背常理。不过，我们仍然可以从神经科学的发现中得到帮助。

第 **4** 章

倒过来管更有效

外在奖励会让人丧失做某件事的其他动机，
而惩罚却可能会让人更渴望去做某件事。

因此，我们应该避免运用惩罚。

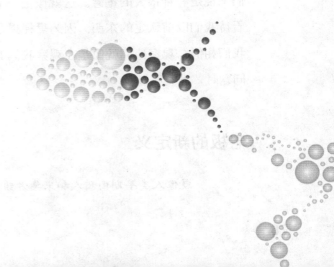

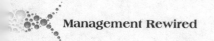

"**我**惊异地看着眼前的一切：她打开冰箱和橱柜，取出酒瓶和杯子，给自己倒了一杯杜松子酒（一种补酒），然后拿着酒走到电视机前，打开电视，从一个台转到另一个台，脸上露出厌烦的神色，又关上了电视，于是从桌子上选了一本时尚杂志，拿着酒坐到了一个舒适的椅子上。在翻书的时候，她偶尔会发现杂志中有自己见过的内容，于是会用美式手语表达出来。"

为什么边品酒、边看电视、边翻杂志会这么让人惊异呢？因为简·古多尔（Jane Goodall）在观察的不是一个人，而是一只名叫露茜的黑猩猩。虽然这位灵长类动物学家一生都在研究野生黑猩猩，但是仍然会被他们与人类间巨大的相似性所震撼。见到一只动物与人类的行为相似，对我们来说是一种很大的宽慰。这就像是一个比喻，让我们能从另一个视角看待我们以前认定的东西。因为黑猩猩是我们的近亲，98%的基因都与我们相似。观察他们就像是在观察我们的祖先。特别是涉及权力关系的问题时，尤其明显。

老板的新定义

就像人类早期由猎人和采集者组成的部落一样，黑猩猩群落也是由 20 ～ 40 只物种形成一个等级社会。有一个"雄性一号"(alpha) 坐在金字塔的最顶端，优先享有食物和配偶。他能成为"一号"是因为他最强壮。为了保持自己的地位，他会作出各种表演，让自己显得暴躁易怒的同时，也让自己显得比实质上更加强壮。他上蹿下跳，摇撼树枝，向灌木丛抛石头，这样的表演会让整个族群恐慌尖叫。

他表演得越好，成功威慑族群的机会就越大，也就不用真的诉诸武力来保持自己的"一号"地位了。有一个"雄性一号"黑猩猩叫迈克，他学会了一种方法，通过猛踢一个 4 加仑的锡罐制造出巨大的喧嚣，使他的族群成员无人胆敢向他发起挑战。而族群中的一个青春期黑猩猩费刚 (Figan) 是"一号"的接班人选之一，研究者发现他经常模仿迈克的样子，练习踢锡罐。

族群中的所有黑猩猩都要接受"一号"的统治，无一例外。每只黑猩猩都必须决定该如何处理自己与"一号"之间的关系。大多数下等黑猩猩都选择了朝拜的方式，他们小心翼翼地靠近"一号"，在收到安全的信号之后，他们会亲吻他的大腿或者嘴唇，之后双方开始互相梳理对方的毛发。一部分黑猩猩可能会决定挑战"一号"的权威，可能明着，也可能从暗地里。在成为"一号"前，迈克在一次权力表演中，公然把自己的背对着"一号"，以示挑战。其他黑猩猩都远远地站在一边。但是所有黑猩猩都必须具备高度成熟的社交技巧，特别是那些有野心进入统治集团的雄性黑猩猩。下等黑猩猩必须学会欺骗，在上级的监视下，如果他们想要做点事情，就要懂得掩盖自己的意图，秘密行事。

今天，"一号"这个词已经变成了流行语，常被用来形容一个组织的领导者。不过黑猩猩与人类到底有多近，这确实是一个值得质疑的问题。

加扎尼加表示，大多数雄性黑猩猩都以成为"一号"为目标，而且他相信，人类也是如此。所有在一个大型机构里工作过的人肯定都经历过人类版的权力表演、欺骗、掩饰、拍马屁。黑猩猩与"一号"之间的关系决定了它的生活质量，因此，它会调动自己全部的社交天赋去竞争、去合作，或者去避免灾祸。其实人类和他的管理者之间的关系，也是这样。

管理者在一个大型机构中所扮演的，往往是一个饱受抨击的角色。至于为什么会这样，如果我们把一个机构当做文明版的黑猩猩族群，就一目了然了。不管是黑猩猩还是企业雇员，都同样不喜欢被控制，而且也不会有人真的关心老板这个人。还有，老板的形象在我们的文化中，永远和受人爱戴搭不上关系，比如我们有达格伍德·巴姆斯代特（Dagwood Bumstead，美国著名漫画《白朗黛》中的人物，一个爱妻爱家的宅男）的老板"踌躇先生"（Mr Dithers，《白朗黛》中的人物，以优柔寡断著称），有呆伯特（Dilbert，著名漫画角色）的尖头老板，还有《办公室》（The Office，著名美剧）里登得·米福林（Dunder Mifflin）的经理迈克尔。

在标准的管理学实践中，不仅仅服从"一号"使人不满，而且还从来不创造任何温暖的氛围。这种方式更适合管理无思考能力的生物，因为它冒犯雇员的尊严，结果也只能自讨苦吃。根据神经科学的结论，**最好的管理者，是那些施行传统管理最少的人**。但事实上，因为一个机构中能被提拔进入管理层的人，都是那些施行传统管理最成功的人，他们很难退位让贤。所以解决方式就是把关系倒过来，重新定义什么是老板。

我们都被泰勒荼毒了

彼得·德鲁克（Peter Drucker）极其推崇弗雷德里克·温斯洛·泰勒（Frederick Winslow Taylor）的影响，封他为当代的西格蒙德·弗洛伊德和查尔斯·达尔文。当然泰勒这个名字不算什么爵位，而他开创的"功效理论"（time and motion），也无法真的和心理分析或者进化论相提并论。不过，泰勒确实应该为我们今天的管理方式负责。

　　虽然出身于富裕的宗教家庭，泰勒却选择做了一位机械师。在为伯利恒钢铁公司（Bethlehem Steel）打工的时候，他展示出了改良制钢机械的天赋。他的第一个创举是研制了一种新的过热钢切割工具，使车床效率提高了 4 倍。不过真正让他声名鹊起的是他对管理模式的改造。

　　上级要求他设计一种更高效的铲子用来向熔炉填煤，而他像科学家一样处理了这个问题。他先观察工人填煤，记录下每铲所盛的煤量，计算出一天的总填煤量。之后，他分别以不同的每铲煤量做实验，最终发现 21.5 磅每铲是最佳数值。这样既能保证工人一天的工作效率，又能使铲煤的总量最大。在他以这个定值设计出煤铲之后，公司得以将工人数量从 500 人降低到 140 人。

　　但是泰勒意识到，铲子的设计只是生产力公式的一部分。另一部分是铲子的使用者。于是像设计机器的运作方式一样，他又设计了工人的工作方式。他将全部工作分割成多个环节，仔细地计算，最终得出结论，只有一种"正确的工作方式"。动作流畅，在送铲时两肩向后的工人效率最高，于是他让所有工人都依这种方式使用铲子，由此生产效率再一次得到了极大的提高。

　　管理者们改造机械已是由来已久，但是生产的人力环节却一直固执地拒绝着改造。但是从泰勒带着看机器的眼光看人的那一刻起，这一切都发生了变化。他把自己的方法称为"科学管理"（Scientific Management），而管理者们都对用科学的方法改进人类的工作报以浓厚的兴趣。泰勒很快就获得了国际声誉，不久之后，世界上的每个工厂几乎都能看到举着记录板和计时器的泰勒信徒们在咆哮的身影。

泰勒的方式并不仅限于工业——每种工作都可以被改造得更有效率。他甚至相信，连家政也不例外。现代厨房的设计理念就是"科学管理"的理念，而且据他的老婆所说，他还设计了更好的煎鸡蛋和馅饼的方法。我们心中有效利用时间的理念正是来自于泰勒。生活中存在着大量制订日常计划的人们。对于害怕浪费时间的人们，泰勒的影响既深又远。

他的愿望不仅仅是帮伯利恒钢铁的股东赚更多的钱。他将自己想象成了工人的救星，希望"科学管理"能将企业的管理者与雇员之间的关系引入一个崭新的时代，让他们不再为更大的一份蛋糕而争执——他的理想是扩大整个蛋糕的大小。和亚里士多德一样，他也相信人是理性的动物，经济利益是人的驱动力。如果在固定的时间内生产更多的东西会得到更多的报酬，人唯一一种合乎逻辑的反应，就是去热烈拥抱那种能提高自己收入的工作方式。

不过那些他想拯救的人并不认同他的看法。他们一直都有选择工作方式的自由，并且为自己的独立与技巧而骄傲。不过根据泰勒的方式，即使是拥有大学文凭的年轻人也要听计时器的安排来工作。唯一重要的一件事就是精确地遵循既定程序。"泰勒使工人成为了小小的一个机械齿轮。"这个道理从美国劳工联合会的塞缪尔·龚帕斯（Samuel Gompers）的话中可见一斑。

泰勒的努力重新定义了管理者的角色。他（确实几乎都是男性）变成了整个机构的大脑，他是决定一切的人。管理者决定的事情越多，需要工人决定的事情就越少，因为他将思考与行动分割开来，将决定与工作分割开来。这使得工作变得如此的乏味，以至于需要引入严密的监督机制，对泰勒眼中那些天生懒惰的工人施行"军事管治"。管理者担起所有责任，而工人不负担任何责任，两者形成一种互补关系。

泰勒成名20年后，另一项生产试验腰斩了他的理论基础：证明了人不是理智的，并非只追求利益最大化。研究者调查了位于伊利诺伊州西塞罗市的美国西方电气公司（Western Electric）的工人，他们的工作是缠开关线。研究者发现这里的产量总是应有产量的 2/3 左右。当工人被问及为什么要拖延生产时，他们回答说，生产得多了，他们担心管理者会降低每件的费用。

当泰勒把人比成机器时，实际上他完全无视了人类的内心。就如他所说的那样："工人的想法，跟我没有半毛钱关系。"具有讽刺意味的是，正是人们的想法导致了泰勒的失败，但是他的影响仍然渗透在我们今天的工作中。我们在进行机构设计时、定义工作时、衡量价值时、激励团队时，背后都有泰勒的身影。我们那持续上升的工作时间，还有那阴魂不散地纠缠着我们的感觉，好像永远都工作得不够多，背后仍然有泰勒的身影。手持一部黑莓手机，周末还在查看电邮的人们，充分证明了德鲁克丝毫没有夸张泰勒对我们的影响。

"胡萝卜加大棒"还有用吗

古老的统治欲加上泰勒主义的破坏性遗产，使得管理者与雇员之间的关系变得非常棘手。传统智慧中的处理方式是按工作表现进行奖励或惩罚。这是管理者手中用以规范雇员行为的唯一工具。大多数企业都有这种定期的业绩考核，来确保雇员会因自己的表现而得到适当的回报。

但是在通用电气进行的那次里程碑式的研究，证明了这种业绩考核不仅无用，还对企业有害。我们习惯性地认为了解现状是提高业绩的最佳方式。这体现在我们对儿童的教育上，学校的年级模式正是为此而设；这也体现在企业的业绩管理体系中。对通用电气的那次调查显示，管理者的奖励根本无益于提高业绩，而批评同样也收效甚微。

鉴于业绩反馈对于管理者工作的重要性，我们完全有理由认为发表在《哈佛商业评论》上的这篇研究报告将使管理学改天换地。不过至今40年过去了，大多数管理者仍然在以相同低效的方式给予雇员反馈。就好像这项研究从未发生一样。任何时候只要赏罚没有奏效，结果通常会被忽视，或者会很方便地成为这个雇员无能的口实。其实这就是我们的心理活动的结果，也是为什么我们的传统管理实践不管看起来多么符合逻辑，都注定会失败的原因。

这项研究同时撼动了行为科学的基础，向我们展示出为什么我们的奖励与惩罚没有收到预期效果的原因。不过行为科学的缺陷已经不是第一次被发现了。早在10年前，利昂·费斯廷格（Leon Festinger）通过一个简单的实验发现奖励所带来的效果与我们想象中正好相反。这一违背常理的结论背后的原因，正好可以解释为什么业绩反馈无效，还有为什么我们会无视这一现象，以及为什么通用电气的那次调查会被埋没。同时，它还教给我们一些极其有效的心理管理工具。

在这个实验中，研究者要求一些人做某种枯燥的工作，做上一个小时。工作完成后，研究者告诉他们，实际上这个实验分为两组同时进行。他们所在的这组在实验开始前没有听到任何对工作内容的介绍，但是另一组在实验开始前有人给他们作了介绍，告诉他们工作将十分愉快。这时研究者要求这些人去替代介绍者，向接下来的人介绍工作情况。此时，这些人又被分成两组，一组得到1美元的报酬，另一组得到20美元的报酬。在介绍工作完成后，研究者请他们评价他们是否对工作感到愉快。

行为科学论者一直认为，得到高回报的人群必然会认为工作更加愉快，但事实正好与此相反。得到1美元的人比得到20美元的人认为工作更加愉快。实际上，两组人的任务都是说谎，要告诉别人工作内容很愉快。

虽然都知道工作很枯燥，但显然 20 美元让人觉得为此说谎值得，而 1 美元却远远不够。收到低回报的人经历着认知失调，一方面是自己诚实的信念，而另一方面自己已经同意了说谎。因为这种内在矛盾让人非常不安，于是他们说服自己认为工作其实真的很愉快，由此来减小内心的矛盾。费斯廷格称此为"认知失调的消解"（Cognitive Dissonance Reduction）。

鉴于我们已经了解到经验是心理活动的创造物，看到人会如此轻易地改变对工作的看法恐怕并不十分奇怪。不过那个时代，有关内心的力量改变现实的证据是让人震惊的。不管是常识还是科学都不支持这一结论。前卫心理学家埃利奥特·阿伦森（Elliot Aronson）说："人类是会思考的动物，不会一直按照某种机械程序运作。"但是正如今天神经科学的发现一样，这一革命性的发现也被科学门外汉们忽视了。这非常可惜，因为认知失调的理论本应该可以预言通用电气业绩考核体系的失败。

外在动机造成内在动机缺失

为了理解"认知失调的消解"，我们可以设身处地去想象，当别人对我们的表现作出反馈时。最典型的反应肯定不会是："噢，太好了，我终于有机会提高自己了！"然后内心充满了温暖。更可能的情况是，在得到反馈时，随之而来的是恐惧，特别是当反馈来自于对我们的事业有着极大影响力的"一号"时。如果这种反馈与我们毕生形成的自我认知相矛盾，就会造成认知失调，形成不安的情绪，这时我们肯定会尽一切努力消除这种不安。

这时，最有建设性的态度是接纳别人的反馈，使我们不可动摇的自我认知变得可以改变，然后尝试学习一种与反馈相协调的行为方式。但是，我们最深层地维护自我认知的心理需要，使得这种改变非常困难。对我们来说，不去触动自我认知，转而将失败归结于不受我们控制的外界因素，或者去贬低反馈源，这样要容易得多。当反馈源是老板或者其他我们并不真正关心的人时，这一选择会非常吸引我们。我们质疑他们的能力，认为他们没资格评价我们，或者质疑他们的动机。

认知失调理论同样解释了为什么奖励也无助于提高业绩。不过这理解起来，仍然要联系人类行为的本质。在一项关于奖励的实验中，一些儿童被分为两组，让他们解一些数学问题，第一组儿童在解题后会得到奖励，第二组儿童不会得到任何奖励。得到了奖励的儿童起初会倾向于花更多的时间来解题。但是，当奖励中断时，他们花在解题上的时间明显减少了，甚至少于从未得到过奖励的儿童。可以通过明确地区别内在动机和外在动机来解释这一现象。内在动机来自人的心中，与我们实现目的的心理需要相连，并且受到脑部伏核区域释放的"神经传递素"多巴胺的不断激励。外在动机只为奖励而生，来自于我们之外，只关注工作中的回报，比如，我们在乎的人给我们的赞许，或者儿童因为良好表现而得到的待遇。实验中，奖励产生的外在动机导致了内在动机的缺失。

因为奖励成为了儿童解题的理由，他们认为这是唯一的理由。当奖励中断时，他们就感觉到完全没有继续解题的必要了。最终的连锁效应使得奖励起到了完全相反的作用。不但没有使他们花更多的时间来解题，相反因为奖励的介入使他们丧失了动机（如果奖励的是结果而不是解题过程，效果会略好）。因为人类真正的动机来自内心，通用电气针对业绩评估进行的外在奖励一点都没有带来更好的业绩。因为在这个程度上，人们已经做到了最好。

惩罚同样被证明会起到相反的作用。在一项实验中，一些儿童被分为两组，置于一间放有玩具的屋内。每一组儿童都被告知不要去碰那些玩具，不过第一组儿童如果不听话，只会被温和地提醒，而第二组儿童如果不听话就会受到严厉的惩罚。几个星期之后，这些儿童又被带回这个放有玩具的屋内。相比受过严厉惩罚的儿童，被温和提醒的儿童更不愿意碰那些玩具。因为没有强烈的外力驱使，这些儿童在心里说服了自己，认为是自己决定了不去碰玩具。同样的道理，强烈的外在动机造成了内在动机的缺失。

这些实验都向我们展示出，只有联系心理活动进行思考，我们才能理解奖励与惩罚的意义，同时也包括双方的反馈。因为我们看待奖惩的方式，本质上是所有心理活动综合作用的结果。**既然外在奖励会让人丧失做某件事的其他动机，我们大可去奖励那些我们想要消灭的行为。而惩罚却可能会让人更渴望去做某件事，所以我们应该避免运用惩罚。**

奇招出奇效

奖励和惩罚的效用并不像我们想象中那么直接，消除认知失调心理的需要会决定我们将作出怎样的反应。正如阿伦森所说的："人类不是老鼠或者鸽子。人类会印证过去的心理需要，这种需要使人们产生各种思想、感觉和行为，根本无法被归入某一行为模式了事。"在物质世界中，奖就是奖，罚就是罚。但是在心理的世界中，我们认为它是什么，它就是什么，这为赏罚的运用增添了一些难度。

但是决定我们对待赏罚反应的因素，不仅仅是理智。因为大脑内负责情绪的边缘系统要比前额叶皮层扎根更深，也更古老。我们的感情总是会战胜理智。社会学家乔治·霍曼斯（George Homans）认为，正是我们的感情使得赏罚常常造成相反的结果。弗雷德里克·泰勒认为人们对奖励的反应是理智考量的结果，但事实并非如此简单。

他发现，只有被赋予了价值的奖励才有效果，但通常情况下，给予奖励的人与接收奖励的人对奖励的价值有不同的认识。老板也许觉得 5%的提薪很有价值，但雇员很可能认为这种奖励太小，简直就像一种侮辱，进而产生愤怒的情绪。本着激励为目的而给予的奖励，最终却像惩罚一样产生了挫志的效果。他还发现，奖励的价值与给予的频率有关。怀着良好的意图，老板可能会慷慨地给予雇员自己的赞许，但是随着使用的增多这种奖励会贬值，因为人们已经习惯了。老板第 500 次表扬雇员，效果肯定和第 1 次不一样。事实上，雇员很可能已经预见到了赞许，如果没有得到反而可能造成失望。

如霍曼斯所说："当人的行动没有得到预料之中的奖励，或者受到了预料之外的惩罚，他都会感到愤怒；这时他非常可能会表现出攻击性的行为，而且这种行为的结果会变得对他非常重要。"当我们没得到预料之中的奖励或者得到了预料之外的惩罚时，类扁桃体会因刺激而运作起来，我们会对当事人抱有极强烈的进攻性。这时伤害这个人就成了对我们自身的一种奖励。

当你预计要得到 10% 提薪时，老板给你的 5% 提薪看起来就像是一种惩罚，而且会激起你的反击欲望。当你认为自己做得还不错时，老板给你提出建设性意见，也同样会激起你的反击欲望。老板的本意是什么根本无关紧要，因为在心理世界中，你相信某事是什么样的，它就是什么样的。同样，道理与"5% 提薪要好过完全不提薪"类似，或者反馈有益于自我发展这种理智考量，在心理世界中也一样无关紧要。当你受到惩罚时，报复会感觉像是一种奖励。具有讽刺意味的是，继续保持这种受到批评的行为也感觉像一种奖励。这就是为什么对通用电气的调查结果会显示出批评没有起到作用的原因。

惩罚除了会激起反击欲望之外，还有其他原因让人必须慎重使用它。如果你老板希望遏制的某种行为本身能带来一种奖励，这样惩罚就必须足够强烈以盖过奖励的诱惑。而且如果你的动机是避免受到惩罚，你其实根本就不必放弃被禁止的行为。只要做好逃避惩罚的工作就可以了。比如一个孩子，如果偷糖果会受到惩罚，你不必因此就不偷糖果了。只要避免被抓到就可以。

　　如果得到的奖励比预料中低会让我们愤怒，得到的奖励比预料中高同样也会令我们高兴。正如霍曼斯解释的那样，"如果某人的行为收获了预料中的奖励或更多，或者没有得到预料中的惩罚，他都会感到高兴；他会更倾向于别人所赞许的行动，也会更重视这种行动的结果"。这段文字的第一部分很直白，预料之外的奖励具有独特的价值；第二部分有些违背常理，未至的惩罚也有独特的价值。因此，如果某人自己意识到了将受到惩罚，这时撤销惩罚会有更好的效果。

　　很早以前，我就读于底特律城内的一所高中，那时我会时常溜出教学楼去抽一根烟。某日，一个老师看见了我，并且问我在做什么。我用一个中学生仅有的那点逻辑思维能力想出来的解释是，我想抽烟，但是学校里不许抽烟，因此就出来抽了。这个老师告诉我，这样做会受惩罚的。而我也确实准备好了接受惩罚。但是他告诉我，下次如果我想离开学校，我应该先去找他，让他给我开张条，这样就不会被罚了。我当时惊呆了。这件事没能阻止我溜出学校，但是却让我对这个老师的态度产生了戏剧性的变化。一个学生就这样被激励起来了——我开始注意听他讲课，并且努力掌握他给我们的材料。这是我人生中一个巨大的转折点，最后帮助我也成为了一位教育工作者。

　　通常情况下，奖励可以对某种被认可的行为起到鼓励作用，但需要几个前提：第一，要谨慎地使用奖励，不能使之泛滥；第二，要让奖励有价值；第三，奖励要大于人的预期。不过，正如我们所看到的那样，外在的奖励还会减弱内在的动机。惩罚虽然可以遏制不被认可的行为，但也有一些需要注意的地方：第一，惩罚可能会激起反击的欲望；第二，惩罚必须要比这种行为本身所带来的奖励更强；第三，它会使人去做逃避惩罚的工作。惩罚的最佳运用方式是让人预计自己会受罚，这时撤销惩罚。

　　我们喜欢奖励，讨厌惩罚。当我们奖励别人或者惩罚别人时，看起来好像起到作用了。但我们看不见的是人的心理活动和我们所奖所罚的对象的内心世界。因为我们的奖励所导致的内在动机缺失，并不会直接表现出来。因为我们的惩罚所导致的反击欲望也一样。我们同样无法确切地知晓一个人对于惩罚的真实感觉，以及他们将作出的反应。这些赏罚运用对于管理者来说是颇具风险的事情。

大老板们，你们的角色出错了

再说到认知失调理论，通用电气的调查结论被埋没了40年。这其实一点也不奇怪，因为这项研究对管理者所扮演的角色提出了质疑。比起接受管理者定位错误这个事实，并且牺牲自己的"一号"地位，明显忽视这项调查的结论更加容易。毕竟，在我们观察奖励与惩罚的结果时，它似乎也有一定的效果。

赏罚本身没有错。导致问题出现的是赏罚的来源。正如认知性范式所预言的那样，正是管理关系本身导致了反常的结果。当奖励与惩罚的来源是管理者时，雇员就被放到了一个从属的位置上。在《似奖实罚》（*Punished by Rewards*）一书中，阿尔菲·科恩（Alfie Kohn）明确地指出：所有的奖励系统，不管是工作中的、学校里的，还是家庭内的，都会受到抵触，因为人们会感到这是对自己的控制。正如我们所看到的，管理者承担的责任越多，雇员承担的就越少。在泰勒将管理者塑造成为第一推动者之后，奖励与惩罚成为了他们唯一的工具，其实他是将这些管理者送到了失败的道路上。

鉴于已有无可辩驳的证据证明了管理关系本身是自断其臂的做法，所有的管理者都应该停止使用今天常用的管理方式。请思考下面这些管理实践：

(1) 尽可能多地奖励好的表现；

(2) 惩罚表现不佳者；

(3) 对业绩问题进行及时的反馈；

(4) 针对业绩问题制订纠正措施；

(5) 制订可量化的目标；

(6) 近距离监督雇员。

上面这几条看起来都像是符合逻辑的管理方式，但在实践中都是失败的。我们已经看到了为什么奖励、惩罚、反馈都不起作用，或起到相反的作用。其实不仅如此，所有将管理者放在统治地位上的行动都将是失败的。当管理者制订了某种纠正措施时，雇员不具有一点责任，也就不会有任何做事的动机。对于制订目标也同样如此。另外，如果雇员没能实现管理者定下的目标，他们可以声称目标定得太大了。没人愿意受到近距离监督，当人受到这种监督时，管理关系会迅速地演变为猫鼠关系。

让员工承担起责任来

如果放弃了这些管理实践，很可能会导致无人负责的情况发生。那么，管理者应该怎么做呢？应该反其道而行之，给予雇员尽可能多的责任。让雇员自己确立目标，评价自己的业绩。如果业绩出现短暂下滑，自己决定该如何纠正。当雇员成为自己业绩的负责人时，人际关系中的心理动力完全可以代替管理者的劳动，因为雇员将自己的自我价值与业绩的成功联系到了一起。

管理者的传统角色是亚里士多德式的，它亟须改变成为苏格拉底式的。与其制造极大的消极动力，告诉雇员该如何做事，不如去问雇员想怎样做事；与其给雇员制订目标，不如要他们为自己制订目标；与其就雇员的业绩进行反馈，不如问他们自己感觉做得怎么样；与其告诉雇员该如何处理一个问题，不如问他们想怎么处理这个问题。当然，这些都很违背常理，因为它将关系反了过来。管理者作为一个机构的第一推动者，却让雇员掌控局面，自身只扮演一个辅助角色。

对于管理者来说，这不是推卸责任。事实上，这是一种更有难度的管理方式。直接给雇员反馈既快速又容易，而且对人的业绩问题进行猛烈抨击似乎还能得到某种快感。制订一种让雇员进行自我审查的提问式战略，则要更难，也要耗费更多的时间。因为要用这种方式进行管理，管理者必须具备良好的耐心，并且乐于付出大量的时间为雇员提供自我管理所需的信息。

雇员需要知道产业的推动力和企业的自我定位在哪。他们要理解企业的战略，并贯彻此战略所需的行动。他们应该知道具体是哪些行为将带给企业成功或引致失败。同时他们也需要实时的信息，来了解企业的运营状况，判断自己的工作是成功了还是失败了。这些都不是管理者所能代替的。

管理者要做的，是建立起一套体系，为雇员提供客观稳定的反馈源。管理者可以把它当做目标制订程序的一部分，将顾客调查数据和综合反馈整合进来。任何有害于经营的表现都会得到周期性的遏制。实时有效的经营信息可以通过网络途径传递给雇员，一部分管理者还可以利用备忘录或者通讯录来传递这些信息。

对雇员的处理，不管是奖励或惩罚，都应该由一个客观的系统进行处理。奖励的额度必须尽可能地接近获利。确定奖励的方法很多，但都应该与一套与经营业绩有关的客观尺度相联系。量度标准具体是什么，视雇员的工作而定，可以是产量、销量、客户满意度或者其他能同时满足长期获利与短期获利的行动。对于无法用数量或者质量来评估的工作，某些企业甚至会让同事之间互相评估，可以以个人为单位，以小组为单位，或者双管齐下防止囚徒悖论的出现，但管理者不应扮演评估者的角色。

不管体系多么完善，管理者仍然需要处理人际交往问题。客观数据无法替代联络感情所起的作用，数据无法使雇员真正投入到这种经营项目中去，也无法代替闲适的交流。定期进行一对一的谈话会增进这种交流，但一定要注意不能让人感觉到像是近距离监督。一个不错的选择是定下一个时间，告诉雇员这个时候如果他们愿意可以顺便来谈谈。小组会议是个不错的方法，有助于建立互相支持的关系，保持雇员对项目的关注，确保团结。管理者只需要注意不要让它变成权力表演即可。

管理者只需服务员工

这种参与性的管理方式不是纵容或者软弱。其实正相反，当管理者负责制订目标、给予反馈、制订纠正措施、施加惩罚时，人会更难作出困难的决定。因为没有人愿意让别人难堪，好的管理者会不断地问自己，定下的目标是否真的可行，给出的反馈是否真的公平。结果就是，低效的表现会一直持续得不到任何遏制。

但是当雇员扮演起制订目标和提供反馈的角色时，管理者的情绪和自我怀疑就不在等式中了。如果雇员制订了目标却未能完成，结果就只会是他自己的问题。在激烈的商业竞争中，没有道理让雇员置身世外。如果雇员为自己制订的纠正措施也失败了，那么他的命运应该和一个在市场中失败了的公司一样。通过这种方式，进行严格的业绩管理就变得更加容易了。

在以神经科学为基础的新世界观中，管理者的角色与原先的角色正好相反。他不是下命令，而是提问题；他不制订目标，而是为雇员提供信息，帮助他们为自己制订目标；他不给予反馈，而是要求雇员给予自己反馈；他不进行奖励，而是制订一套自动奖励的体系。雇员不是在为

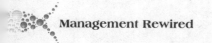

他工作，是他在为雇员工作。

就像打网球一样，无论何时，只要雇员想把责任推到管理者身上，管理者都会把它打回去。不过这种方法需要良好的自觉和自律精神才能使用。管理者必须得警醒自己，是在提问题，而不是在布置任务，必须得时刻抵抗进行权力表演的诱惑。管理者还必须对雇员的世界观有所把握，这样才能有效地和他交流，并且在出现了他无法处理的业绩问题时帮他处理。最后一点，管理者必须得接受一种关系，在这种关系中管理工作曾有的许多诱人之处都会变得荡然无存。

泰勒主义今何在

泰勒主义已经融入了大多数机构的血脉中。在企业结构中、管理体系中、职位介绍中，泰勒无处不在。而且正如我们所看到的那样，泰勒甚至已经进入了管理者的大脑中，使他们认为自己必须处于绝对的支配地位：自己要制订目标、提出反馈、给予奖励和惩罚。对于想提高业绩的管理者来说，第一步就是要认清：管理者传统的角色只会带来局部的成功，最终则会走向失败。

在新兴企业（特别是高科技企业）中，他们没有历史包袱，没有传统的结构、体系或者程序。因此，他们幸运地得以在机构中确立一种不同的管理方式：通过设置自我管理的小组，让同事互相评估业绩，建立起一套帮助雇员从机构中得到反馈的体系，聘请职业经理人帮助处理有关奖励或者升职的问题……许多人都相信，这种方法对于吸引和留住受过高等教育的青年专业工作者来说，非常必要。不过，最有价值的地方在于，它能带来更高的忠诚度、更强的动机和更好的业绩。

恐怕最能说明问题的正是那些向"以雇员为中心"风格转变中的传统企业了，其中最好的例子莫过于泰勒的老雇主伯利恒钢铁公司了。20

世纪最好的那几十年间，这家公司是美国最成功的公司之一。截至 1950
年，公司是如此的富有，世界薪水前 10 位的总经理中有 8 位来自这里。
有个传闻说，如果他们需要一座高炉，他们会造两座。

伯利恒钢铁的觉醒

公司在管理者与工人之间划了一条泾渭分明的线。每座制造厂都有
专为管理者而设的乡村俱乐部，而管理者办公楼的位置完全避开了制钢
过程中产生的烟尘。在马里兰州的雀点工业区（Sparrow Point Works）中，
有一座属于这个公司的小镇，街道的布局依字母顺序排列，所有雇员都
住在与自己的地位相符的街道里。伯利恒在宾夕法尼亚州的分部中，工
人都住在城市的一侧，管理者住在另一侧。总部有依等级地位不同分别
设立的食堂，装潢也有相应的区别。有传闻说总经理们甚至连在乡村俱
乐部里洗澡都有优先权。

但是到了 20 世纪 80 年代早期，来自国外的竞争、原料替代品的出
现以及小型制造厂的崛起改变了整个行业态势，大型的综合钢铁制造厂
不再那么有利可图。伯利恒的乡村俱乐部一个接一个的被出售了，制造
厂也在一个接一个的关闭。但泰勒主义，仍然在统治一切。一位总经理
在接受参与性管理学培训的中途被总裁叫了出来，问他为什么浪费时间
与金钱去学那些东西。在另一个部门中，研究小组提出一种更节约成本
的方案，而总裁给他们的答复却是，想要实施方案，先把成本降低了再说。

对比小型制造厂，公司管理方式之低效暴露无遗。纽克钢铁公司
（Nucor）拥有和伯利恒差不多的总收入，但纽克的总部只有 70 名雇员，
而伯利恒却有超过 700 名。纽克制造钢铁的成本大概是 1 吨 1 工时，伯
利恒是 12 工时。当公司已经严重亏损、退无可退时，公司内部大多数人
都愿意将传统的管理关系倒转过来。

在结构性的产品部门中，一组管理者得到指示，在我的帮助下自由设计运营模式。经过大量的工作（包括进行大量研究、去高新技术企业实地考察、开展深度计划会议），他们的新机构终于揭幕了。人员从原来的超过 400 位技术人员加管理者，下降到只有 80 位技术人员——这 80 个人组成一个自我管理小组。生产的每一步都由实地工作小组决定，所有决定的产生都会经过每一位相关人员和工会的参与，甚至业绩评估也是由小组作出的。很快，所有的监督都撤销了，工作人员得到了授权。大家做自己认为正确的事情。

总经理和他的下属们重新定义了自己的角色，他们成为了雇员的辅助。他们从那幢 6 层高、拥有封闭办公室、远离车间的总部大楼搬了出来，到了制造厂中心的一座平层的临时办公室内。公司有史以来第一次举办全方位的会议，工会成员和管理层都能参与并发表意见，曾经保密的信息如今都公开了，甚至连运营状况也不例外。

改革过后的第一年，8 亿美元的总收入中，成本降低了 8 500 万美元。第二年的业绩与第一年相仿，而且这个部门的新管理方式成为了一个榜样。它之所以好，既不是因为它对工人有利，也不是因为它符合神经科学的最新发现，原因是它为公司省钱了——2 年省了超过 17 000 万美元。不幸的是，这还不够。公司每年仍然亏损 3 000 万美元，这时公司已经无力再继续运营制造厂了，虽然这曾是招牌产业。最终公司决定关闭制造厂。

在我听到这个消息之后，我驱车前往伯利恒去见曾与我一起重新进行部门设计的小组。午餐时，一位曾对我们的计划持严重怀疑态度的成员也在场。我高声地问道，有什么我们做得还不够的地方吗？他告诉我，我们做得已经是最好的了，而且我们的作为成功地说服了其他的部门接纳我们的方法。"只是结构钢材市场的竞争实在是太激烈了，"之后他补充说，"我在这里工作了 35 年，过去的两年是我事业中最好的光阴。"

把主管废除

　　等级制和支配权之争是所有灵长类动物社会的标志，从贡贝野生动物公园（Gombe National Park）的黑猩猩族群到摩天大楼中的企业机构，概莫能外。在今天，这种关系变得越发棘手，只因"人是机器"的比喻已经渗透到管理关系中去了。还有完全无视人类内心的行为科学，于是管理者的工作充满了挑战，很容易变得无异于自掘坟墓。

　　摆在管理者面前的唯一解决方式，就是放弃反馈和赏罚，不再妄想控制人的行为。相反，接受自然选择不仅仅存在市场之外，也存在于企业之内。人肯定会依自己喜欢的方式行事，不管我们认为这种方式足够理性还是不理性。管理者应该做的是创造一种我们认可的行为存留环境。

　　只要我们还处在支配地位，人际关系的力量就会站在我们的对立面，让我们的雇员或消极抵抗或直接反击。这意味着管理关系需要倒转过来。对管理者来说，这感觉上有点像推卸责任。不过管理者感觉如何并不重要，有效才是关键。面对诸如制订目标、提供反馈、决定纠正措施这类问题，与其指挥别人，不如去请教别人。当雇员成为责任人时，人际关系的力量将会为我们服务。

　　在今天，管理者的角色是支持雇员，为雇员提供自我管理所需的信息。这些可以融入到机构设计中去，就像伯利恒的自我管理小组一样。泰勒的老雇主已经向我们展示出，在管理者退位以后，雇员会站出来，承担责任。最后，最关键的问题是管理者要自觉自愿地控制自己的支配欲。这样的机构，将是一个更好的工作场所，当然也会赚更多的钱。

第5章
人性、体制，巧用制胜

我们是自私的，但不是永远。

引入军队机制还是信任自由市场规律？
哪个更有效？

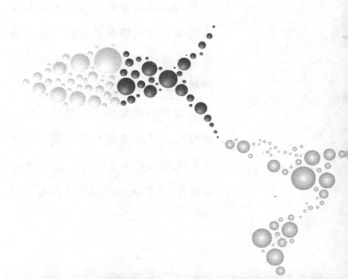

关于如何共事，黏液菌（slime mold）有很多地方值得我们学习。大概正是因为它们没有大脑，无法进行亚里士多德式的逻辑思维，才会在这方面如此出色吧。集胞黏菌生活在森林中的腐烂树叶里，以摄食被自身包围的细菌为生。它们很多产，每 2 ～ 3 小时繁殖一次，因为种群数量的几何级数增长，所以很快会耗尽周围的资源。就在这个时候，有趣的事情发生了。

黏液菌中的一个，称为"寻路菌"（founder），它负责释放一种气体吸引其他的黏液菌。于是它们纷纷向寻路菌靠拢，聚成一团，接着一个小团再向另一个小团靠拢。很快，这些黏液菌就会形成一条生物体细流，向同一方向前进。不同的细流朝着同一点移动，之后由丘状聚合成茎状。在所有细流的通力协作下，由生物体组成的茎状结构塌落为直径 2 毫米的一个球。黏液菌就以这种形态开始在森林中寻找食物充足的地方。在球的移动过程中，其他单独的黏液菌会加入进来，成为它的一部分。

当球到达食物充足的地区时，迁移停止了，它们再次形成茎状结构，并且变得越来越高，处在顶部形成一个球状的孢子层。在到达足够的高度之后，孢子开始扩散，每一个孢子落在地上都会打开，并放出一个新的生物体。之后，同样的过程又会继续重复。

有专人在研究这些东西：这门学问被称为"动物社会学"，他们认为黏液菌完全可以和人类的机构相对比。每个单独的生物体享受着独立的生活，直到食物问题产生合作的需要。这时，生物体团结在领导的周围，形成一个小团体，并且逐渐扩张。不管是在球的前面还是后面，是在茎尖还是茎底，每个生物体都在集体中扮演着自己的角色。每个都无私地努力着，确保孢子团释放出新的生物体。

那些黏液菌教我们的事

单独的生物体不会为了自己在团体中扮演的角色而斗争。它们不会嫉妒那些有机会形成孢子团的生物体。跟在后面的生物体也不会仇视在前面领路的生物体。小团体之间不会互相竞争、互相使绊或者单独行事。所有这些有组织的行动都是自发的，没有什么职业守则、业绩目标或者激励计划起作用。但每个微小的生物体都完美地发挥了自己的作用。虽然它们的名字不雅观，黏糊糊的样子也不美观，不过说到合作能力，它们却要远超过我们。

我们都想争夺"一号"地位，也不在乎做别人的附庸。我们把自己的成功与和他人的对比联系在一起，嫉妒那些我们认为处在特殊地位上的人。如果同时有两个团体存在，我们很奇怪地只愿意竞争而不愿意合作。真正的无私行为是例外。我们所建立的机构在塑造团队合作方面并不十分有效，同样地，工作环境也不会带来温暖或者友爱。

黏液菌傲人的合作能力根植于它们的基因中，同样我们的行为多数也是基因的作用，不过是理查德·道金斯所说的自私基因（selfish gene）。我们活在生存竞争中，胜出者将得以传递自己的基因。虽然我们复杂的心智器官有能力领会合作的美妙，但无法抵御自我保护（self-preservation）

的本能。我们密切关注着首要目标。就像一个电信公司的中层管理者所说的那样，"如果问题是我该让我的小组获得成功，还是该让我有能力送孩子上大学，这种问题根本就不用动脑子"。

即使我们能确立一个需要团队合作的目标，但我们确实没有能力无私地扮演茎基的角色——支持孢子团。同样我们也没什么抱团的欲望，就算我们抱成了一团，我们也不愿意和其他的团合并在一起。虽然我们已经从猎人采集者部族中进化出来了，但我们仍然认为小型的、能直接获利的团体更适合我们。穆扎弗·谢里夫（Muzafer Sherif）在他的"强盗洞实验"（Robbers Cave）中，向我们展示出人类是多么不情愿加入到一个更大的集体中去。实验中，22个同种族的男孩被安置在俄克拉何马州的一座国家公园内。开始两组人都不知道有另一组的存在，但是当他们知道以后，都迫不及待地要打击对方。"这些孩子可不是在玩战争游戏。在这么短的时间内，他们就从互相辱骂发展到棍棒相加了。"

我们的商业机构使我们能实现靠个人无法实现的目标，但所有合作的愿望都会受到基因的阻挠。这对每个管理者都提出了挑战：首先，要征服自己的自私，之后征服我们对小圈子的热衷。关于如何完成这一目标，传统智慧和管理学一样，都是亚里士多德式逻辑的产物。结果，我们的努力往往是在制造问题，而不是解决问题。

神经科学带给了我们一种更好的组织方式，但它的内涵也一样会让我们感到有悖于常理。我们无意识地消解认知失调、抵触被人支配以及存在的神经网络等级排序，这些都说明最好能顺应人的自然倾向，而不是倒行逆施。曾被认为是机构必需品的等级制与职权分配机制都被消灭了，取而代之的是一种更自然的程序，更接近黏液菌的方式，激发起共事所需的专注与团结。这种方式没有借助任何形式，就使人们团结起来共事了。这是因为它借用了一种黏液菌没有的力量——大脑。

军队管理给机构的启示

很可能，人类对大规模合作的首次尝试是在军事方面。一支大规模的军队在对抗中具有很大优势，但前提是这必须是一支有组织的力量，而不是一群乌合之众。作为将军来说，他其实不可能亲自指挥数千军人的行动。因为人的自私基因总会阻挠事情的发展。从最好的方面看，也许他可以指挥 10 个人，这 10 个人又可以分别指挥另外 10 人。这样就是100 人了，以此类推。通过划定出具有不同支配权限的等级制，一个将军可以建立起一整条命令链，指挥一支数量不亚于黏液菌团的军队。

这种方法有它自己的问题。任何信息，只要在传递的过程中经过了超过 1 个人，都会变得面目全非，就像我们在一种游戏中所发现的那样——一个人耳语一段话给另一个人，如此传递下去，最后那个人说出的内容已经与最开始的内容毫无干系了。越是处在等级制下层的人，所收到的信息扭曲程度就越大。为了使指挥行之有效，军事组织一般会发布非常明确的命令，并且要求得到一丝不苟的贯彻执行。命令以牛顿力学式的威胁为后盾，在军队中，没有任何独立思想或者自由行动会得到允许。但要注意，他们的生命安危维系于此，所以多数军人愿意接受这种雇佣条件。

在历史上，大多数情况中军队是唯一一个需要团结行动、紧密管理、面对竞争的大型机构。与此相比，商业团体显得微不足道。那些团体多数情况下只是由一小部分技艺精湛的工匠构成。但是工业革命改变了一切，带来了具体的劳动分工。亚当·斯密在他的《国富论》中说道：将制作大头针的工作分成多个环节，交给不同的人，这样具有很大的优势。亚当·斯密解释说：在某人一遍又一遍地做了某种工作后，他就学会了该如何做才最有效率，由此生产力呈几何级数增长。但是当工作被分割成许多部分之后，对合作的需求就更强了，于是诞生了今天我们所熟悉

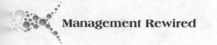

的企业，来使这种合作成为可能。

即使如此，直到 19 世纪末，商业机构仍然保持着一种小而易于管理的规模。平均来说，每个公司的雇员人数不会超过 500 人，并且都集中在一座制造大楼内，甚至集中在其中的某一层内。这种组织规模，使得管理者有可能与雇员进行近距离的交流，并且亲自指挥他们的工作。当生意越做越大时，管理者就遇到将军们遇到的问题了。

铁路公司引入军队模式

发生在铁路交通领域的情况正是这种问题的体现。于此之前从未有过如铁路这样的事物，它的诞生对管理工作提出了极大的挑战。鉴于铁轨和运输工具上的巨大投资，铁路必须具有很大的规模才能盈利。铁路交通领域的本质，又使得它的覆盖范围极广。实地管理是不可能的，但是为了确保火车不会和对面驶来的火车相撞，极其严密的管理工作又是必需的。同时乘客也希望看到一个统一的费用标准，他们希望无论在哪下车都能接受到合理的标准化服务。

铁路迅速地发展成为一项庞大的事业。截至 1890 年，宾夕法尼亚铁路公司 (Pennsylvania Railroad) 已经拥有超过 10 万名员工，并且公司的多种工作必须得保持高度统一。唯一能满足这种要求的组织模式就是军队式，一个名叫哈林顿·埃默森 (Harrington Emerson) 的年轻人最先把这种理念引入到铁路事业中来。他在 17 岁时，亲眼目睹了普鲁士将军赫尔穆特·冯·毛奇 (Helmuth von Moltke) 击败法国人的决定性战役。毛奇将军知道大规模的军队在战斗中占优势，但同时，在行军和补养方面却处于劣势。他的解决方法是将军队分割成许多小军团，在战斗打响时又可以整

合成为大军团，同时充分调动参谋人员来进行计划、精编、标准
化军队等这些工作。

后来埃默森取得了机械工程学位，进入铁路公司工作，他将
自己从毛奇将军身上学到的东西运用到工作中去。结果就是，今
天的商业机构的 3 要素形成了：**等级制、功能型组织以及运用幕
僚组织标准化事宜。许多年之后，埃默森成为了泰勒的同事。**

铁路使区域性市场变成了全国市场，带动了许多我们今天所熟悉
的大型企业成长，比如 SWIFT、福特、AT&T、美国钢铁公司（U.S.
Steel）。他们的组织形式也成为其他公司模仿的榜样，他们的结构、
体系、操作方式在世界各地被照搬运用着。但是，以牛顿力学为后盾
的军队模式，并不完全适合铁路之外的商业世界。在参谋人员的思考
完全替代了工人的思考之后，人际关系的力量并没有消失。这时人们
发现，必须引入近距离监督才能管理日益懒散消极的工人。

严密监督真的好吗

细致的责任分工（权威阶梯），这种组织结构的重点在于支配，而不
是完成任务。结果，为了能使命令有效地传递下去，大量的参谋人员和
中层管理者加入进来。随着职位分工渐渐成为了当事人的自我定义，职
权变成了他自己的采邑。公司分裂了，工作的进行在各处都受到阻碍。

市场部对产品提出了要求，并将之传递给设计部门。设计部门发现
这种设计无法实现，于是选择了一种折中方案进行设计，并将之传递给
制造部门。制造部门发现收到的设计图加工难度过大，于是也作出了自
己的更改。当产品最终成型时，市场部发现它完全不能满足消费者的需要。
不同职权部门之间的矛盾上交到上级部门进行处理，延缓了产品进入市

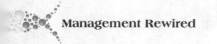

场的时间，而且使最了解问题的人无权作出决定。

更糟的是意见部门与职能部门相矛盾。财务部发现支出已经失控，而职能部门却认为不现实的预算和资金控制使自己无法有所作为。人力资源部发现人事待遇问题已经严重得令人惊骇了，但是职能部门却认为人力资源方面的问题根本就无关痛痒。大笔资金与时间换取的战略计划却被职能部门的管理者束之高阁。一个更严重的潜在问题是，职能部门认为意见部门所承担的责任是与自己无关的事情。

等级、分工、意见部门，这些的设立都是为了处理一个大集体所面对的问题，但结果却往往制造了更多的问题。神经科学对此的诊断是，吃药比得病的结果更糟，其实这些完全不是必须设立的。我们设立的结构越复杂，就越违背人类的本性。与其逆天行事，我们不如接受人的天性，并利用他的力量帮助我们。进化论证明了人类基因中的自私本质，同样也指出人类在某种特定情况下，非常倾向于合作，我们完全可以利用这一点来为我们服务。

本性如此

我们是自私的，但不是永远。在适当的条件下，我们愿意变成一个集体的一部分，所罗门·阿希（Soloman Asch）关于人类需要他人接纳的实验正体现出了这一点。他把一个人带入一个团队中，团队成员正在讨论A线与B线哪条更长。在听了几分钟之后，他被要求提出自己的意见。在最开始的实验中，团队选择了那条在客观上明显更长的线，这个人跟随了这个选择。后来，他们又选择了B线，虽然从客观上来说A线更长。大多数情况下，这个人都附和了团队的选择。更有甚者，他甚至真的相信了B线比A线更长，原因就在于他渴望被团队接纳的心理需要盖过了他自己的判断和感觉。

很明显，成为集体一员的欲望和自私一样，具有进化论基础。因为我们的基因只有通过后代才能延续，那么关心他们必然是对我们有利的。有孩子的人肯定很深刻地理解到了这一点。我自愿为他们牺牲自己的利益。牺牲了自己的睡眠、自己的活动时间，为了在晚上给孩子喂奶而不能去自己喜欢的餐馆吃晚饭，时常光顾游乐园，买快乐儿童餐。我们不用去学该怎么为人父母，因为我们本身就具有围着孩子团团转的基因。

进化生物学家威廉·汉弥尔顿（William D. Hamilton）指出，我们的"亲族取向"（kin selection）使我们无私地对待自己的孩子，而这催生了利他主义（reciprocal altruism）行为。在我们生活在狩猎采集部族中的时候，我们很可能会与部族中的其他人具有血缘关系。因为我们有相同的基因，本能会驱使我们为集体的利益服务。在与亲属的合作中，一旦发现了合作的力量所在，我们就会把合作的对象扩大到部族中的其他人身上。

在远古时代，集体协作打猎要比单独狩猎容易很多。分享食物能使更多的成员生存下来，这样要比某个人囤聚大量富余的食物而其他人饿死强。任何人发现了捕食者的出现都向团体发出警告，这样只有极少数人会变成猎物，比自己逃命而后自生自灭好得多。在我们发现了互相的利他主义对于生存的价值之后，其他的社交感情和行为就都出现了。

如果我们在集体内重塑出这种环境，我们就可以借用这种互动的利他主义来激发机构所需的合作了。乔治·霍曼斯认为，并不是只有科学家才有能力在奖惩中加入感情因素。霍曼斯研究了所有类型的团体，从西部电气公司缠开关板的工人团队到街头混混儿，他发现所有团体的驱动力都是相似的。他追踪调查了住在麻省理工学院已婚学生宿舍中的夫妇们，发现发展互助关系的关键，在于距离的远近。住得近，交往多的人更容易成为朋友。

这解释了为什么分工会带来紧密的合作。因为相似的背景与专业取向让他们有更多的共同点，容易发展出友谊。他们的日常交流因为住得很近而非常方便，使他们能体会到对方的感觉，并且形成一个团队。"强盗洞实验"向我们展示出了，这一切可以发生得多么快，而每个人会在多么大的程度上接受这种集体身份。实验协助人可以通过树立一个假想敌的方式，让两组男孩放下对对方的反感，团结起来。在商业中，竞争对手是现成的假想敌。

阿希、谢里夫、汉弥尔顿的工作向我们展示出该如何塑造一个专注合作的团队。鉴于人有寻求集体身份与得到接纳的心理需要，管理者需要做的只是创造一种交流频繁、可以带给人集体归属感的环境。这需要较近的距离、类似竞争这种共同的威胁和一个规模不超过一个原始部族的工作团队。满足了这些条件，合作行为就会自然出现了。

机构内部的自由市场体制

关于如何激发人们的合作，我们的看法的基础是经验，同时我们经验中的机构又都是已经存在的机构，因此我们总是在解决之前的解决方式制造出的问题。与其去操心该如何超越等级制，或者担心各职能部门之间缺乏协作，意见部门与职能部门之间存在分歧，不如想一种更好的经营方式，让它符合人类不愿被支配、愿意融入小团体的天性。

这正是伯利恒钢铁公司的再设计小组所做的事情。经过一个世纪以来对铁路公司组织模式的模仿。他们开始想要建立一种有益于新战略贯彻的组织形式，并且希望为自我管理的小组提供便利。

伯利恒的综合钢铁制造厂因为更简单更廉价技术的出现，而显得落伍了。在他们耗资 10 亿美元在首都建一座车间从焦炭和铁芯中炼钢时，小型工厂建设一座电子熔炉从废料中炼钢只需要 1.5 亿美元。如果钢材只是一种商品，自然是越便宜越好，伯利恒在成本方面必然处于极大的劣势中。团队的主管确实知道，他们的产品不是谁都可以买的商品。

　　虽然有些客户只想要低廉的价格，但也有些客户看中了伯利恒一个世纪积累起来的优异工艺，同时还有其他的客户要求特定的付款条件、运输和存储。公司一体化的职能机构无法对这些不同的客户进行区分，也就无法满足他们的要求。因此他们指派了 3 个小组处理这种客户的问题，每个小组由来自从生产到销售各个职能部门的成员组成。谁主事并不重要，因为无论是谁都要听从客户的要求。但为了便于管理，每组的规模都必须很小。

　　可能因为他们把实际运营放在了第一位，而不是去模仿某个已有的组织结构。他们创造出了一种被组织管理学家视为先锋的组织结构。这种结构专注于客户，让市场来引导。因为这种结构使工作更加顺畅，可以说它是以过程为准的一种结构。没有人无所事事地等待着他人的决定，所有决定都是共同探讨的结果，他们是自我管理的小组。制钢工人并不清楚组织结构到底是什么样的，他们只是简单地认为他们的组织是最好的，同时也是成本最低的一种服务方式。

　　只有一个问题。他们只有一座制造厂。因为这座制造厂耗资巨大，不可能为每一个小组都建造一座。而且这座制造厂必须全力运作才能使投入与产出成正比，这就需要长期的商品化的生产方式。而这一目标与两个小组相矛盾，他们需要短期的以客户要求为准的生产方式。

　　在很长的一段时间中，这一问题都是新机构发展的巨大瓶颈，这时，团队终于得出了一个其实很明显的解决方案。他们应该用客户看待公司的眼光来看待这座制造厂。制造厂应该和他们分别做买卖，让他们之间的关系像是供应商与客户的关系一样。每个小组从制造厂购买自己所需要的服务，并相应地付费。短期的以客户要求为准的生产可能要比长期的商品化的生产耗费更多的成本，但这是可以接受的，因为销量相比也会更高。

　　这种结构也需要一些职能分工，但它的好处是消灭了所有为等级制和各职能部门之间的关系服务的管理需要。这种节约是连锁性的，正如我们所看到的，数额也是庞大的。通过专注于市场环境，确保关键的人际关系都是团队内部的，而不是团队之间的，并利用市场驱动力来管理那些无法被带到团队中去的人，通过这些，伯利恒公司消灭了耗费上的低效率，并且为客户提供了更好的服务。

越管漏洞越大

虽然经过了改革，伯利恒的组织结构仍然相对传统。虽然它也借用了人渴望融入集体的天然倾向，通过自我管理的小组最小化了支配所起的作用，但它仍然借助于薪金来鼓励正确的行为，确保达成目标，而我们已经了解了这种方式会造成的问题：主管都被限制在自己的权限之内，原因在于结构性产品部门是一家更大的公司的一部分。不过制造厂问题的解决方式提醒了人们，市场驱动力可以被用来管理经营中的各种人际关系问题，而不仅仅限于哪一座制造厂。

这样一个机构，与其是说一架拥有固定结构的机器，不如说是一种类似自然选择的动态过程。不再关注竞争，转而关注市场需要，这样的机构会和自然界中的生物体一样充满目标，只是目标是自私地使自己的利益最大化。角色和关系会随着竞争环境的改变而改变。独立的商业经营与接受市场动力管理的供求关系构成了它的基础。公司内部的运营模式与外部的市场别无二致。

为什么公司内部的"客户"与"供应商"之间的关系不能接受市场动力的管理呢？不同的职能部门，甚至不同的个人之间的矛盾，都在金钱的基础上得到了解决。伯利恒制造厂的例子正说明了这个问题。"机器脑袋"的人能在工程部门吃得开，"老鱿鱼"在市场部，"吝啬鬼"在财务部，特别是在他们作为客户会付我们钱的时候，更是如此。而且，当奖励不是固定的薪水，而是真正额外的获利时，我们也更愿意付出最大的努力。

在这样的机构中，我们都在为自己做买卖，提供服务，接受市场竞争的挑战。如果我们干得好，满足了客户的要求，我们会获利；如果我们没做到，我们的公司就出局了。在某些领域，或者是工作的本质所致，或者是评估体系过于复杂，这种方式可能会不适用，比如，生产小组就是互相依赖严重的地方，这时我们可以创造伙伴关系或者小型的贸易关系，这种方式不必彻底贯彻，接近这种理念就可以让我们受益了。

信任自由市场机制

（前）苏联的解体和计划经济的破产已经向我们说明了，自由市场是高效的，任何想要控制市场的企图都只会制造低效。在美国，航空领域与远程通信领域的过分规范化导致了成本过高和缺乏革新。在这两种产业中，去规范化既为客户带来了更低廉的价格，又给商家带来了更多的收益。尾随安然公司 (Enron) 和世界通信 (Worldcom) 的财务丑闻而颁布的《萨宾斯·奥克斯利法案》(*Sarbanes-Oxley Act*)，造成了许多意想不到的结果，企业为了配合这项法案需要支付过高的成本，而且有才干的人也不愿意再担任企业的主管。同时，公开招股公司出现了大量的人才流失，人们更愿意选择私人企业就职。

全球金融体系的融合造成了规范的缺失，没人愿意脱离市场这个经济体系的中心去做事。还有什么的话，次贷市场的过剩也是人们追求私利并且会不断寻找规则漏洞的明证。虽然说一定程度的控制是必需的，但我们一定要使控制最小化，避免造成意想不到的麻烦。我们越是能将经营目标与人们的私利结合起来，就越不需要规范的结构去遏制不当的行为。

　　在大公司出现之前，工业是由受供求关系支配的小生意组成的。在美国建国的时候，18 世纪晚期，大多数美国公民都是自己进行经营的生意人。农民养羊，到了收获羊毛的季节时，他们会雇佣独立的剪毛人来帮忙。纺织者将羊毛纺成线，织布者将线织成布，裁缝将布裁成衣服，然后零售商人去卖衣服。

　　这个产业链中所有的参与者都是独立的生意人。如果他们工作效率高而且质量好，他们会赢得更多的利益，并且会被竞争环境选择存留下来。在这里没有业绩评审、战略计划或者冗长的管理会议。谢天谢地，也没有激励研讨会或者管理顾问。虽然借着烛光纺线或者一天缝 12 个小时衣服不是太好的生活质量，不过他们至少没有老板要抱怨。

　　今天，这种方式仍然存在着。比如，在住宅建筑业内，除了少数几个大公司之外，主要就是由这样的小公司构成的。总承包商出售工程项目，监督建筑过程，确保及时完工，不过具体的工作由转包商来做。如果他们干得好，他们会得到更多的工作。如果干得不好，他们就必须得另寻雇主了。

　　当前，很多地方企业中的外包模式都与这种模式相类似。企业的潮流是专注于战略优势及最大化获利，将那些与此无关并且可能会分散注意力的事情外包出去。即使是庞大的汽车产业如今也从福特模式中走了出来。生产不再是原料进去，整车出来这种模式。现在零件制造商可以生产从刹车到车座的所有部件。某些公司甚至把创新工作外包给那些因冷战结束而失业的俄国博士们。

　　1920 年，阿弗雷德·斯隆（Alfred Sloan）迈出了在当时看来非常激进的一步，将通用汽车公司分解成 5 个公司，各自都有独立的商标、独立的市场部门、设计部门和制造部门。此举带给斯隆极大的优势，以市场为导向使通用汽车超越了福特，这种方式非常有助于提高机构的业绩。与其把分权限制在等级制的最高层，不如让它越深入越好。现代的信息技术让这种激进分权比斯隆的时代要容易太多了。

这种模式让人有能力掌握自己的命运。站在达尔文的角度来看，这种安排有效地利用了我们自私的基因。站在市场的角度来看，这种安排的效率更高。站在文化的角度来看，自从西部电气霍桑厂的研究以来，几乎所有机构革新都在致力于增进民主和革新精神，因为这不但对工人有利，对经营也有利。迈出了这一步，一家创业形式的机构就不远了。虽然这种模式在某些产业中没有可操作性，在有些地方仍然需要一定的控制，不过确实值得尝试。

创造文化故事黑匣子

以市场为主导、以过程为基础的机构可以克服等级制和职权分工所制造的问题，特别是当机构的构成是小型的自我管理小组的时候。创业型企业更是通过利用市场动力来管理关键的人际关系，进一步地消灭了阻力。所有的这些革新都借用了自然选择的力量来管理人类的活动。

现在是时候了解神经科学的真正创见——内心的统治地位了。不管是什么样的结构、体系、程序，不管多么有效，我们都不可能控制人的行为。因为变数太多，改变无法预料，而且人们还有应对控制体系的对策。事实上，我们越是努力地控制人的行为，人内心通过学习而发生改变的能力就越是被我们遏制了。不过鉴于心理活动的特点，不借助任何机构在一个团队内控制人的行为确实是可能的。**我们要做的只是创造一种文化，之后再由文化来塑造人的想法。**

文化可以很方便地解释一个机构中那些不受政策、程序、结构控制的行为模式。如果一个机构贯彻战略失败，而又找不到其他原因，很流行的方法就是用文化来解释，好像它是黑匣子一样。以亚里士多德式思维为基础的传统智慧把文化当做某种具体的事物，或者一组可观测的行为。在波特·戈斯（Porter Goss）接手中情局时，他把情报部门的失败归结为"支离破碎的文化"。

心理活动最首要的任务，是塑造我们生活于其中的世界。一个看待文化的更好方式是把它当做内心中的机构。因为我们的心理结构是故事形式的，而文化则可以看做是一种集体故事，塑造着他们对世界的体验，驱动着他们的行为。以中情局为例，他们明显就没做到将机构的目标及使命和人心中的故事联系起来。

如果人们不去有意识地去创造文化中的故事，就会发现很奇怪的一件事：故事绝不会和机构的战略联系在一起。因为文化是在人与人之间传递的集体性质存在，所以拥有时间上的延续性。当战略发生改变时，文化不一定会随之改变。即使在一个稳定的环境中，没有精心的调整，文化也会偏离主流，变得与经营理念不符。就像西部电气缠开关板的工人那样，创造了一个拖生产力后腿的文化。不管有多少结构体系在起作用，都应该有意识地创造文化、管理机构的故事。

故事对社会活动的影响为我们指出了方法。社会学家罗纳德·雅各布（Ronald Jacobs）研究了这种形式的故事，他相信"个人依赖于共享的故事来表达自我"。他发现，成功的社会活动，都是先使人相信"这种活动的故事符合自己个人的故事"。这样他们对这种活动的参与就成为了实现个人目标的手段。同时还必须要"强调参与感，以及最终必将成功的信念，而不是命运和失败的结局"。还有，这种故事必须创造得如此动人，超过其他的主要故事。

正如我们已经知道的，最有效的故事是浪漫故事——故事中"人们团结起来追求乌托邦一样的未来"。在企业中，人们希望经营目标达成，不管是合理的还是不合理的，但他们也希望成为某种重要事业的一部分，希望能感觉到自己在一个广阔的范围内的重大意义。目标达成之后，公司的前景宣言，实际就和文化故事中那个"后来他们一直幸福地生活在

"一起"一样，是对这种愿望的集体表达。

灵活管理，妙用生花

在初次踏入企业领域的时候，我为一家从事计算机制造的数码设备公司工作。因为这种工作要制造大型昂贵的计算机系统，公司采用了航天产业中的矩阵式组织结构，工作者需要同时向运营管理者和职能管理者汇报工作。这种混合结构的目标是同时保证对客户的关注和传统职能机构的优势。

反常的是，有两个老板比只有一个老板让雇员拥有更多的自由，因为他们有权力决定该怎么处理两个老板之间的矛盾。这种决策模式在公司的创始人肯·奥尔森（Ken Olsen）手中得到巩固，他与泰勒和埃默森正好相反，他喜欢说：对于一件事，没有人比做这件事的人更了解它了。工作中该做什么，怎么做，都是由雇员自己决定的。

这确实可能会造成混乱。同样也很容易让老板偷闲，比如我的一个老板，住在海边，只要海边风和日丽，几乎就不可能在公司看见他。不过公司相信，因为他偷闲造成的损失，与员工被这种文化激发起的投入感相比，简直微不足道。证据就是这家公司在养活了 10 万员工的基础上，仍然取得了巨大的成功。

这家公司告诉员工的故事是"亚瑟王追寻圣杯"式的故事。公司大楼内的墙壁上贴满了海报，都是从太空拍摄的地球照片。照片顶部是公司的名字，底部写着这样的字："我们塑造着世界的想法。"在我眼中，公司的这种景象很有激励性。在照片的附近写着一些故事，和神话一样，内容都是人们付出了赫拉克利特式努力而最终使梦想变成现实，而且这些故事都是真人真事。事实上，这个公司的员工对工作是如此的投入，公司甚至需要时常发布广播，提醒员工注意自己的工作量。

企业的故事在各个地方不断得到巩固。肯·奥尔森每月都会给所有雇员发一份备忘录，上面写着他对公司目前状况的评论。管理者鼓励雇员"反击"，不要盲目地服从指示。工作规模一直保持在很小的单位上，遍布于世界上200多个地方——每一个都像大学夏令营一样。公司即使是总经理也没有特殊的办公室。我离开这家公司之后，25年已经过去了，但至今回忆起来感觉都很好。虽然这家公司现在成为了惠普公司的一部分，不过他们的网络校友录仍然很活跃，还安装了实时通讯录。

创造文化故事的第一步，是要先精确判断出什么样的行为和思想有益于战略的贯彻。然后创造一条故事主线，让人们为此改变自身，克服苦难，实现对未来的憧憬。可以详细地描绘出人该怎么想怎么做，但层次要高。根据罗纳德·雅各布的研究，对未来的憧憬必须有激励性，并且能同时满足经营需要和个人需要。

下一步就是讲故事了。因为雇员会根据自己对公司的整体印象来重塑故事，所以公司的每个细节问题都有小心的管理。在新人定位中，在培训程序中，在公司的所有交流中，都要与体现出故事传达的理念。应该发布一次简洁的前景宣言，定期透露完成的情况。从管理者的行为到物质条件，所有可以调整的地方都要调整。

虽然我们基因可能是自私的，但人类知道合作的价值，明白即使需要一定程度的自我牺牲也是值得的。我们可以为了团队的利益而工作，特别是当它能帮我们实现一些自己实现不了却又渴望实现的目标时。文化故事使我们可以利用人类渴望成为团队一部分的天然倾向为我们服务。如果我们做得到位，形式结构和控制体系都不再必要了。

零和游戏？是时候破灭了

人完全有理由嫉妒黏液菌，它们在独立与合作之间找到了完美的平衡。当食物匮乏产生合作的需要时，这种生物体团结在一起，先形成一个球状，之后变成茎状，并在顶部产生一个孢子团。每个个体都自愿地为团队和下一代牺牲自己，没有任何复杂的组织结构来控制他们的行为。

人类没有牺牲的自觉性。我们在进化中形成了自私的特点。生活是一种最终一切都将归零的游戏，我们都被禁锢在生存竞争之中。大多数组织结构、体系、程序都是为了逆转人的这种天性而设置的。反常的是，等级制、职权分工、职能部门与意见部门的分别设立，这些体制本身设立的目的是确保合作，但结果往往带来相反的效果。

但是小型化的团队、雇员相互接近的地理优势、互动的利他主义、渴望被团体接纳的心理需要、竞争的威胁……通过利用这些，我们就能消灭一切合作的障碍。在大型机构中，我们可以建立以市场为主导、以过程为基础的结构，推动对市场的关注，提高工作的流畅性。我们甚至可以更进一步，通过引入市场驱动力来管理客户与供应商之间的关系，利用自然选择的力量来管理人类的行为。

不管是有系统还是没有系统，我们都可以通过调整人们对团队的看法来取得最大的成功，只要有意识地塑造一种文化故事。**最有效的故事激发起我们最高层次的追求，这样的故事容易被接受，并且能使人们清楚地知道该如何做才能贯彻经营战略。**事实上，战略应该是所有机构设计的起点，而认知性范式下的战略所需要的合作与投入，正如我们看到的那样，必须建立在一种精心管理的文化上才能实现。

第6章
像战略家一样思考

逻辑也会有效，短期利益往往遮蔽人的视线。

最好的战略家能预见别人的反应，并且会不断地
问自己："接下来会发生什么？"

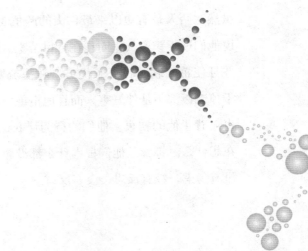

战争已经持续了 9 年，双方各有胜负。这时，正当胜利在望的时候，一种神秘的瘟疫在军队中传播开来。一个先知宣称，瘟疫的根源是希腊统帅阿伽门农（Agamemnon）对一名特洛伊女祭司的绑架。想要结束瘟疫，她必须回到她父亲的身边并向神献祭。

阿伽门农并不喜欢这个消息。他不情愿地将女祭司送了回去，但是要阿基琉斯（Achilles）把自己绑架的女祭司送给他作为补偿。这位伟大的战士认为这个命令是一种侮辱，并且想用剑来解决问题。不过正在他想去结束自己老板的时候，女神雅典娜从天国来到了人间，阻止了他。他服从了女神的意愿，但走回了自己的营帐，拒绝再为战争出力了。

这段内容来自西方世界的第一个故事，荷马的《伊利亚特》(Iliad)。虽然这两人是有史以来最伟大的两位英雄，但他们的行为让我们无法不说他们过于孩子气，而且在自讨苦吃。阿伽门农疏远了自己最好的战士，并且使希腊联军丧失了优势。阿基琉斯应该知道，无论在任何情况下，干掉老板都不是件好事。而且他拒绝出战的行为，既危害到了他的战友，也违背了他的初衷。他们的行为让我们不得不想问一个问题，他们到底在想什么。答案是他们根本什么都没想。史诗中的人没有一个会想问题。没有考虑，没有反思，没有反省。

相反，我们的英雄行事就像物质世界中受牛顿运动定律影响的物体一样。他们用最直接的方式处理互相的关系：让力量决定结果。这不仅仅体现在这段内容中，同样体现在他们的作战方式中。他们作战时没有侧翼进攻，没有机动作战，也没有用过佯攻来误导特洛伊人。事实上，他们的战争根本没有战略可言。一天又一天，一直持续了 10 年，每天就是希腊人屠杀特洛伊人，特洛伊人也屠杀希腊人。最终是奥德修斯（Odysseus）为希腊人赢得了胜利，但他依靠的不是力量，而是战略。特洛伊木马就是他的主意。

根据他的计划，希腊人把木马留在了海滩上，作为对神的祭品，之后乘船离开了。特洛伊人为是否应该将之带入城内发起了激烈的争论，但是海蛇适时地吃掉了反对的人，于是木马被拉入城内。当晚，藏在木马内的奥德修斯和一队精锐勇士爬出了木马，并且为返回的希腊联军打开了城门。之后就是一整部西方历史，但如果没有奥德修斯在，恐怕历史在那时就结束了。

他没有直奔特洛伊城，像阿基琉斯那样试图用自己的力量砸开城门。相反，他通过木马这一伪装，欺骗了特洛伊人，让他们自己打开了城门。这和比喻的作用一样，就像那个乡下老汉的腌黄瓜改变了小镇居民的想法一样，作为祭品的木马改变了特洛伊人的想法与行动。赢得特洛伊战争胜利的不是阿基琉斯的力量，而是奥德修斯的聪明。

任何处境艰难的时刻，奥德修斯都会通过伪装来逃出困境，而他所用的伪装方式永远都是一个故事。在远征结束，返回伊萨卡之后，他发现家里有上百人在追求他的妻子。为了骗这些求婚者放松警惕，他编造了一个故事，声称自己是一个失明的乞丐。虽然很快他就成为了求婚者的笑柄，忍受了百倍于阿基琉斯所受过的侮辱，但他一刻也没有忘记，自己的目标是复仇。当他做好了所有的准备工作，并且时机成熟的时候，他放开陷阱，一举干掉了所有求婚者。

113

奥德修斯这个人，据宙斯所说，是人类中最智慧的一个。荷马通过他教会了西方世界该如何进行战略思考。不管面对的是一百个贪婪的求婚者，还是一支由最好的战士组成的军队，或者是一个独眼巨人，其实道理是一样的。我们要做的都是，专注于长期目标，制订实现目标的计划，冷静地锻炼自己的自我控制力以确保计划顺利进行。与其硬碰硬地直接发起挑战，不如借用身边的资源，改变对手的想法，使他们按我们的需要行事。

我们的客观性范式使我们从牛顿力学的角度来看待冲突。不管面对的是一对一的人际关系，还是军事对抗或者商业竞争，我们都把它当做一种强者胜出的对抗。但因为世界不是物质的，而是精神的，我们的行动经常会起到破坏人际关系的效果，而那些有效果的方法却常常因为看起来不合逻辑而被我们否定。当我们根据认知性范式来看待冲突时，我们就能发现该如何利用人际关系的特点来使我们拥有优势，如何在环境中找到机会以及为什么心理才是对抗优势的终极源泉。

逻辑也有不管用的时候

想象我是一个大型汽车制造商，背后是极高的固定成本、过度的产量和相对较低的利润。我的目的是最大化自己的年收入和季度获利，因为这些正是华尔街评价企业的标准，而华尔街的评价又影响着我的资本成本和我个人的收入。根据供求规律，我知道如果我降低价格，就能增加汽车的需求。我有数据支持，可以让我算出多大幅度的降价才能带来年收入和季度获利的提升。经过最缜密的逻辑思维，在金融分析的支持下，我将汽车的售价下调了 1 000 美元。

这种分析只有一个问题——汽车市场是一张包括客户和竞争对手的关系网。我的行为会影响到他们，他们的行为也会影响到我。我的竞争对手拥有和我一样的数据支持，而且不愿意坐等自己的产品失去竞争力，因此他们也会相应地进行降价，整个产业的供需曲线随之下滑。所有的公司都下调了价格，所以我没有得到任何的竞争优势。我的年收入和获利也都下降了。

对此，逻辑会反驳说这有益于提高长期需求量：价格便宜了，总需求量就会上升。当然在某个时间段内这是对的，但经不起时间的考验。这样的价格激起了购买热潮，一直持续到那些需要车和有能力在这个价位买车的人都买到了车。虽然目的实现了，这个季度的利润也提高了，但是到降价停止时，总需求量也会随之下降。

逻辑蒙蔽了我们，使我们看不到自己与竞争对手，以及客户之间互相依存的关系，而且使我们无法看到心理作用的重要地位。因为客户也有大脑，他们知道利用过去的经验来决定现在该怎么做最好。比如，通过观察汽车市场中频繁发生的降价热潮，他们学会了等到降价再买车。

符合逻辑的降价最终所造成的影响和我的目的是完全相悖的。我的总收入和获利变得更低了，更糟的是，客户习惯了等待降价后再购物。这个季度也许业绩不错，但意料之外的结果影响着我们的未来。下个季度将变得更加艰难。客户都在等待着必然发生的降价，迫使制造商只能进一步地降低价格才能得到原先的需求量。

即使是没有强力竞争对手的专利产品，企业仍然有可能成为人际关系的受害者。博士伦（Bausch & Lomb）为管理者定下了总收入和利润增长 15% 的年度目标。随着它发布出一个接一个季度的骄人业绩，它的总经理被商业媒体称为梦想家。但是过了一段时间，当市场再也没有了压榨空间的时候，人们都看到了，给管理者定下不可能实现的目标并不像表面上看起来那么理想。

公司把产品卖给批发商，批发商再把产品卖给零售商。在公司给管理者定下 15% 的年度增长率之后，管理者只能向批发商销售更多的产品，使得市场内的产品总量超过了市场所能吸收的范围。因为这个雄心勃勃的目标悬在头上，管理者在季末只能不停地向批发商出售更多的产品。最终，使得所有批发商手中的存货都非常充足，只能靠全面打折才能让他们购买。和汽车的消费者一样，批发商也有大脑，因此他们很快就学会了推迟进货，等待降价。

但是不久之后，批发商手中的产品已经多到连他们自己都卖不出去了，于是无论如何都不肯再买了。意料之外的结果是什么，很容易想象，就是直线下降的总收入和利润，还有一个濒临崩溃的管理者。接下来他们只能使用假造账目和欺骗的手段了，但是最终整个事情曝光了，当事人面对着刑事诉讼和破产申请。在《商业周刊》和《财富》的封面故事中，公司的一个经营单位的财务主管心情激动地申诉说，哪怕他们能接受一个季度达不到标准，我们就不至于如此。后来他因被批太天真而被开除了。

亚里士多德式的逻辑使人们的看法发生了歪曲，不管是汽车市场还是博士伦的销售链都是如此。结果，为了实现某一目标而采取的行为实际带来的却是相反的结果。因为认知性范式带给我们的是对人际关系的关注，它让我们有能力预言这样的影响。如果我们再把心理活动的特点考虑进来，我们就不仅仅不会成为受害者，反而能够掌握优势。

勿迷失于短期满足

很明显，奥德修斯拥有不管是阿基琉斯、阿伽门农，还是博士伦的前总经理，都不具有的思维能力。就好像他永远都知道该怎么做才能让对手作出他希望看到的反应，他不仅仅了解人际关系的影响，而且还有利用它、使之成为自身优势的能力。遗憾的是，古希腊人不具有扫描脑电图的技术，我们无法得知他的大脑是怎么运作的，不过好在我们还有荷马，和一位对古典学和解剖学都抱有浓厚兴趣的普林斯顿心理学家。

　　19 世纪 70 年代，朱利安·杰恩斯 (Julian Jaynes) 还是一位名不见经传的研究者。当时他读到了罗杰·斯佩里 (Roger Sperry) 对癫痫症患者的研究。斯佩里观察到，病发时大脑内某一个区域会有电流脉冲，之后会传递到其他区域。在电流经过胼胝体（corpus callosum）时，大脑的两个半球都会受到影响。斯佩里的想法是，切断胼胝体，将发病区域限制在一个脑半球之内。

　　为了测试他的猜想，他对 15 位患者实施了手术。结果令人震惊——病症完全消失了。唯一的问题是，病人好像从此拥有了两个大脑，而且互相都不知道对方在做什么。如果一位病人被盖住左眼，然后向他出示一个苹果，他能把苹果画下来，却叫不出它的名字。反过来也一样，如果病人的右眼被遮住，他能叫出苹果的名字，却无法画下来。有一个病人甚至在一只手向上提裤子的时候，另一只手在向下脱。

　　这种异常状态向人们说明大脑的两个半球拥有不同的分工。当然这种分工并不像人们刚发现时想得那么简单，大脑的左半球控制着身体的右半部分，被认为是人有意识的理性思维中枢。大脑的右半球控制着身体的左半部分，被认为是人的情感中枢。

　　在读到斯佩里的研究之后，杰恩斯首先想到了阿基琉斯。这位战士完全是一个情感的动物。他唯一的理智，也是以雅典娜的面貌出现的。因为《伊利亚特》里面根本就没有出现过有意识的思考，而《奥德赛》里却有很多，于是杰恩斯推论说，思考产生在这两部史诗的创作之间。

　　雅典娜在说服阿基琉斯不要杀死阿伽门农的时候透露出了思考的本质。她向他许诺，未来一定会给予他超过今天付出 3 倍的回报。弗洛伊德称这为"迟来的满足"，而且认为这是思考的运作基础。他相信，正是这种能力产生了农业，因为收获粮食的未来许诺，让人在今天辛勤地播种与耕种。在雅典娜的职能中，她还是农业的守护者，以及农业所催生的文明的守护者。

长远才是希望

今天我们有了大脑扫描技术，在扫描图中我们看出，负责愉悦感的伏核区域（nucleus accumbens），要比额眶皮质（orbital frontal cortex）发育更早，而额眶皮质负责的是我们的长远计划。加里·马科斯（Gary Marcus）认为，这两个区域发育上的时间差解释了为什么青春期的少年总是"病态地追求短期利益"。而奥德修斯正好相反，发育出了良好的额眶皮质。

那么，为什么汽车公司的总裁和博士伦的总经理没能预见自己行为的长期结果呢？达马西欧的"4套纸牌实验"为我们提供了线索。在亚里士多德的逻辑世界中，我们为了保持客观和理性而舍弃了情感。然而大脑负责情感的右半球同时也负责着全局观。全局视野能让我们看出季度报告只是经营成功的一小部分，不能为此而牺牲长远的利益。当我们舍弃了情感之后，我们失去了把握全局的能力。实际上要理智还是要情感并不是一个问题，因为这两者是一辆马车的两个轮子。

在奥德修斯准备杀光妻子的追求者的前夜，他被女仆的笑声吵醒了，她正在和求婚者们一块嬉闹。他冲动得想马上结束他们："思考已经将我撕碎，心和脑在激烈的争执。"但他和阿基琉斯不同，他不需要女神的智慧也能控制自己的情绪。他认识到冲动会威胁到自己的长远目标。于是他压制住自己欲望，说出下面的话："振作起来，苍老的心！你已经变得委靡了，太委靡了……"信号流畅地在奥德修斯的胼胝体中传递着。

贯彻战略需要我们压抑住对于情绪满足的短期渴望，但不能建立在牺牲情感带给我们远见的基础上。也许我们矫枉过正了，我们对大脑的左半球重视得过多，对右半球则过于轻视。不过我们可以重新唤醒大脑右半球的力量，方法就是让心里时刻想着长期和短期两方面的目标，以及人际关系和环境的影响，而认知性范式会赋予我们这种能力。为了保持这种状态，我们可以像奥德修斯一样自己教训自己，或者，我们也可以给自己讲一个故事。

借用环境和心理的力量

在大机构出现以前，商业中不存在调动大量的人员追求共同的目标这种事情，但军队一直面对着这种挑战。军队为企业在规模和管理方面树立了模范。事实上，英文"战略"一词来自希腊语，意思就是"统帅"。因此想要更好地制订竞争战略。借鉴作战计划是个不错的起点。一个很好的例子是 1415 年亨利五世对抗法国人的经典战役，它能教给我们该如何利用环境和对手的心理。

亨利远征到法国，要收复他祖父曾经赢得的土地。他的第一仗打胜了，但比他的预计时间持续得更长，消耗的资源更多，人员伤亡也更大。鉴于当时的不利局面，他决定避免进一步的交战，只是沿着海岸象征性地向加来（Calais）挺进，希望能坐船回到英国。在他抵达前的晚上，当他们正经过阿金库尔特镇附近一片刚犁过的田野时，他发现在田野对面有一支庞大的法国军队，数量以 12 : 1 的优势远超英国军队。他们精神饱满，装备齐全，并且都渴望着赢得他们认为已经要到手的荣耀。而英国人已经筋疲力尽，思乡心切，而且相信自己肯定会在接下来的战斗中被打败。

这夜，国王在士气低落的士兵中巡视着，耳中听着法国人在田野对面设宴狂欢，举杯庆祝自己即将到手的胜利。在几乎所有传统战争和商业竞争中，胜利永远都偏向力量强大的一方。亨利唯一的希望就是想出一个办法，让法国人的数量优势变成劣势。就在他远望田野，听着法国人可恶的声音的时候，他想出了办法。

这个新犁过的田地很泥泞，英国人这一侧的地形更狭窄。亨利让士兵在自己这一侧的地面上插上木棍，之后让步兵站在木棍前面，挡住法国人的视野。在田野的另一侧他安排了长弓手站在那里。虽然根据传统智慧，亨利此时应该采取守势，但他却让军队摆出了欺骗性的进攻阵势。

天亮之后，亨利对士兵作了一次最终演说，然后命令弓箭手发动攻势。因为法国人距离他们比较远，这些弓箭并没有造成多少实质性的伤害，但是却激怒了法军的统帅。很快，他们就骑上了战马，全速向英军冲来。当他们到达田野狭窄的一侧时，空间明显不够了。正在这时，英国的步兵跑了出去，亮出了木棍。法国人被困在了这里，无处可走，于是他们成为了弓箭手很好的靶子，很快箭雨就铺天盖地般袭来。撤退已经不可能，因为潮水般的骑兵正一波接一波地从后面涌来。

法国人要么死于箭下，要么死于自己战马的践踏。战斗结束时，法国人的伤亡高达6 000人，而英国人只损失了大概100人。想到自己未来有可能会需要法国这个盟友，亨利善待了俘虏，后来又娶了法国国王的女儿，正式缔结了盟友关系。

亨利想到了一个成功的战略家所应考虑的所有因素，并且完美地利用了这些因素。他分析了作战环境，发现可以将之转变成为他的优势。战马在泥泞的土地上前进会有困难，而法国人的骑兵在到达狭窄的一侧时会因为过于拥挤而失去战斗力。他考虑到了法国人心中的优越感和傲慢，估计出如果他的弓箭手放箭的话，他们就会冲到陷阱中来。

用和奥德修斯一样的精神，亨利让人通过挡住木棍，并让弓箭手摆出进攻架势，欺骗了法国人。这一战略加剧了战场上的对抗力量，变成了亨利的一种优势，并且让法国人的数量优势变成了劣势。最后，他超越了直接的生存目标进行思考，认识到与法国人结盟可能会在未来对自己有利。**最好的战略家能预见别人的反应，并且会不断地问自己："接下来会发生什么？"**

关键在于争夺顾客

大型商业机构体制起源于军队，因此人们也经常把商战想象成某种枪战。确实，两者都是在与敌人竞争，目标都是打败敌人。但是这种比喻过分地扩大了军事的内涵。军事战略与商业的不同点在于第三方的存在，也就是消费者。商业的战略目标不是针锋相对地打败敌人，而是要比敌人更好地满足消费者的需要。如果我们认为它只是与对手竞争的话，就会成为关系效应的受害者，失去了对消费者的把握。就像我们看到的那样，当汽车公司只想到降价时会发生什么事情。

正如我们所知道的那样，自由市场符合达尔文主义的规律，因此认知性范式比客观性范式能更好地把握商业竞争的本质。在自然环境中，物种为了适应自然环境而互相竞争，在商业市场环境中，企业为了满足消费者的需要而互相竞争。两者最大的区别是，自然环境是哑巴，而消费者有大脑，可以改造自己的需要。

和汽车产业一样，航空产业也习惯打价格战，结果也同样令人失望。第一个跳出针锋相对的竞争圈的是人民航空（People Express）。公司的创始人兼总经理唐·伯尔（Don Burr）想出了一种战略，虽然也是建立在价格的基础上，但他利用了环境的变化和消费者的思维定式，使得他的战略无法被竞争者模仿。

人民航空成立于 1979 年底，当时美国仍然承受着 70 年代石油危机的打击。天价石油导致了经济低迷，其中航空产业受害最深，因为客机燃料是他们最大的一项支出。价格在短期内急速上涨，根本没有给航空

121

公司任何提高燃料利用率的机会，而且在那个时代多数客机都是极其耗油的。

另外，航空业本身也已经形成了一种行规，所有公司都严守高成本高付费的规则，形成了共存的局面。但是在卡特总统签署了一项饱受争议的法案之后，这个时代结束了，行业共存被打破了。在社会氛围上，20世纪80年代美国的自我中心主义远远比不上10年前那么盛行了，而且出现了极其强烈的平民主义道德观。同时也因为发生在伊朗的人质危机迟迟得不到解决，人们似乎有一种感觉，美国的民主理念正在遭到攻击。

航空产业中的大多数客户，要么是花公司的钱坐飞机的生意人，要么就是自费但是社会地位很高的人。不管是哪一种，都一样对价格没什么感觉。但是，也存在着大量潜在的客户，只要价格合适，他们很可能愿意用乘飞机来代替乘公交车或者开车。而这些人就是人民航空决意发掘的客户。

人民航空的竞争对手都是颇具规模的企业，而他们的强势与弱势正与所有稳定环境中的公司一样。他们了解自己的生意，拥有必要的程序、执行程序所需要的人员。他们和供应商、控股人、银行之间都有稳定的关系，同时他们还掌握有关于客户的详细资料。这些都给了他们前进的动力。

但是，因为行业是定型的，所以他们对现状感到满意，投资也倾向于维持现状。他们的经营方式已经程式化了。每个细节都有统一的处理程序，人员也已经具有了相对应的神经网络。他们的成本高，本身也很难变革。既然仅仅卖座位就足以应对市场，他们也根本没有必要了解客户的需要。而且即使他们想到了客户，大概也只能依照亚里士多德式的逻辑得出结论，以为更舒适的座位和更高档的供餐是客户的需要。

相反，人民航空作为刚搬来的小孩，在航空业中除了双手无依无靠，在经验曲线上他们也处于成本劣势，但同时他们也不用供养高收入的雇员，不用付大量的养老金，没有昂贵的员工服务设施，也没有根深蒂固的关系网导致的效率低下。所有的机构或者文化都会自愿或非自愿地变得僵化，使战略贯彻产生困难。而人民航空在这个时候却有能力为自己设计一种有利于战略贯彻的机构。

当然，他们还有唐·伯尔做总经理。他是一位经验丰富的航空业管理者。后来将古老东方航空公司 (Eastern Airlines) 变为世界最大运载商的传奇人物弗兰克·洛伦佐（Frank Lorenzo）曾是伯尔的领导。在 20 世纪 70 年代伯尔曾在他的领导下负责得克萨斯航空公司 (Texas Air) 的经营。伯尔既了解战略，又了解经营手段，而且有组建一支高质量管理团队的人脉。他还在华尔街工作过，有能力筹集资金。他了解打破行业定势将造成的影响，也明白该怎么从中获利。同时他也有足够的领导魅力，拥有能激起一屋子银行家的信心，也能稳定工人的情绪。

没有任何逻辑法则能为人提供竞争战略，不管是三段论法还是其他的逻辑法则都不行。但是只要心中有竞争环境的本质、客户的需要、对手与自己的优势和弱势，我们大脑内就会生成相应的神经网络，自然选择出对应的战略了。

这样的战略就和阿金库尔特战役一样，必须得借用与对手相关的力量，由此提供出一种更能满足市场环境的商品。利用心智理论能让我们更容易把握方向，站在客户的角度思考他们的需要。通常来说，人们只会因两个原因而购买一种产品或服务——要么为了便宜，要么为了质量——其中便宜、更加直接，而这正是人民航空公司的战略。

公司放弃了已定型的传统客机乘客，从被打破的行业定势中获利，用低廉的价格去发掘未受关注的市场，吸引对价格弹性敏感的人群。他们没有历史负担，没有低燃料利用率的客机，没有历史遗留下的成本和责任。因此，他们可以让价格低到可以和公交车抗衡。低廉的价格使他们在定型的运载商中得到了最直接的优势。而且在开始的时候，他们的规模也足够小，使他们并不能对别人构成威胁。

单纯的低价战略只能在短期内起作用，最终其他公司或者新公司都会模仿这种战略。但公司在不动摇低价战略的基础上，小幅度提高了成本，更有效地吸引并把握住了客户。这时单纯的价格攻势就对他们无效了。

还有一种思考方式是将满足消费者的基本需要当做敲门砖。但真正的优势来自于满足消费者的愿望，而不是需要。在神经科学的世界观中，关键的区别因素是心理上的，而不是物质上的。当然消费者的愿望并不总是显而易见的，但是我们越是了解他们心中的故事，我们就越能发现并把握他们的消费动机。也许存在个体差异，但是最主要的故事一定是文化中的主要情节。

唐·伯尔意识到现在笼罩在市场之上的主要是美国的民主情结——"我们人民"联合起来，建立了一个"更完美的联邦"。这个观念在人心中根深蒂固。它进入了大脑的高等理念中，指导着人们的行为和思考。人民航空利用了这一力量，建立起一系列的制度。以人为中心的机构、雇员所有制，甚至他们的公司都以"人民"来命名。消费者其实不仅仅是在买座位，他们更是在为民主和美国的风尚投票。

这不仅仅在航空产业中制造了不小的轰动，它使消费者更愿意接受漫长的排队，等候在纽瓦克市的北站。这也吸引了很多可以为了控股权而接受低薪的雇员，使得公司可以保持低成本运营。在心理世界中，一个座位不仅仅是座位，一份工作也不仅仅是工作。它们代表了人们的某种信念，而这正是人们心中的故事所造成的结果。人民航空讲述了一段伟大的故事，从而这改变了市场的驱动力。

一个战略无论在理念上如何完善，都不足以保证成功。多数失败的公司都不是败在不够敬业，而是败在无法贯彻战略上。人们从来没有对战略的制订与贯彻之间的关系投入过适当的关注，原因既有亚里士多德式逻辑的影响，也因为制订战略和贯彻战略的人永远都不是同一个人。

然而人民航空的方方面面都是依照自然选择的方式设计的，这保持了低成本，也突出了自己平民主义的主旨。

在传统运载商采用等级制管理与标准化运营的地方，人民航空采用了自我管理的团队，让工作人员自己决定自己的工作程序。在传统运载商采用严格的工作界定的地方，人民航空以人为中心，使工作灵活化。比起固定的薪金，股权制能更好地将获利与业绩结合起来。民主的运营方式让人超越了上班领工资的狭窄视野。结果是更低的运营成本，更高的士气，而消费者也为自己得到的独特乘机体验而感到满意。截至 1984年，人民航空已不仅仅是发展最快的航空企业，而是发展最快的企业。

战略家心理

但是在 6 个月之后，人民航空公司破产了。因为他们的管理方式在很多地方成为后来企业的模仿对象，其中还包括像苹果和谷歌这样的公司。也因为他们曾经高大的企业形象，使得他们的衰败引发了很多猜测。有人很快就将之归结为他们过于开放的组织结构，以及以雇员为中心的策略。而另一些人则认为只是因为他们的规模变大了，使得传统运载商无法再无视他们，而传统运载商更深的口袋，必然会让他们顺利在价格战中胜出。唐·伯尔将这归结为收益管理软件的出现，这种软件使航空公司可以根据客户需要来调整每个座位的价格。

不过一项名为"斯坦福棉花糖"（Standford Marshmallow Test）的实验显示出，人民航空的失败原因在于伯尔大脑的额眶皮质（orbital frontal cortex）。实验人加里·马库斯认为这和青少年习惯作出高风险的决定一样，都是同一个脑部区域发育不成熟导致的。斯坦福棉花糖实验中，4岁小孩被带到一个装有单向透视玻璃的屋子里，他面前的桌子上摆着棉花糖。实验员告诉他，他可以现在就把棉花糖吃了，或者也可以等 20 分

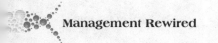

钟，等到实验员回来，他就能得到两份棉花糖。

4 岁儿童大多很毛躁，结果并不出人意料。大概 1/3 的儿童当时就吃了棉花糖，1/3 试着等待，但是没坚持住，有 1/3 等满了 20 分钟。出人意料的是，40 年后，研究者再次采访了这些当年的儿童。那些愿意等满 20 分钟的儿童在"SAT"(Scholastic Aptitude Test，学术能力测验) 中平均分要高出 200 分。这些 4 岁孩子现在已是 40 多岁的成年人，接下来的调查则显示出他们更受人喜欢，事业更加成功，在所有文化考核上都取得了极高的分数。他们都是出色战略家，有能力为了在未来得到更大的满足而放弃眼前的欲望。

巨人是这样倒下的

伯尔作出的一个关键性的决定直接导致了人民航空的破产，而且看起来在作这个决定时伯尔的额眶皮质根本就没有起作用。1984 年年底，公司快速地发展着，不过对于伯尔来说却还不够快。他相信是从区域市场转进到全国市场的时候了。鉴于美国航空产业的中心辐射模式 (hub-and-spoke model)，他们必须得在西部也拥有一条航线，与东部纽瓦克的相对应。但是伯尔放弃了为他白手起家带来成功的战略，转而想去收购一家公司。

丹佛的边疆航空公司 (Frontier Airlines) 看起来似乎很合适，伯尔很快就下了收购的决心。他这一步走得很有问题。所有在华尔街工作过的人，包括伯尔，都明白只有不足 1/3 的公司兼并是成功的。更严重的是，公司的竞争优势在于革新型的人力资源管理模式，而这一点不可能在其他的传统公司施行，更别提像边疆航空这样的联合企业。

不过最奇怪的地方在于收购的过程。伯尔有足够的投资经验，肯定明白该如何计算出自己的价格底线，并保证最后的价格不高于它。但最终伯尔付的钱远远超出了他的底线。这次收购拖垮了人民航空，使它负债过重，无法再实现带给自己成功的成本节约模式。为什么伯尔会多付了这么多钱？因为这家公司还有另一个出价人，他的名字叫弗兰克·洛伦佐。

伯尔的老上司到底是不是真想要这家公司，是一个很值得怀疑的问题，也许他只是想抬高价格从而使伯尔破产。很明显，这两人之间有着不太愉快的历史。因为伯尔在离开得克萨斯航空公司时带走了整个管理团队，其中甚至包括洛伦佐的私人助理。这让人不得不觉得，伯尔打败老上司的渴望蒙蔽了他的经营意识。不管怎么说，洛伦佐把竞争游戏玩到了底，并且导致了伯尔的破产。在人民航空进入经济困境时，洛伦佐就以大甩卖一样的价格收购了它。

要会说故事，更要忠于自己的故事

在反思的过程中，人不禁会疑惑，为什么伯尔会去收购一条与自己战略不符的航线，而且会多付那么多钱。不过所有参加过收购会的人都应该体会过那种竞争的兴奋，特别当对手是洛伦佐时，伯尔心理一定出现了 3 000 年前阿基琉斯对阿伽门农的那种情绪。就跟青少年一样，伯尔陷入当中无法自拔，失去了来自额眶皮质的远见。

据《伊利亚特》描述，人类与当下的诱惑斗争了很长时间，几乎与我们的文化一样长，但我们不是注定失败的。"斯坦福棉花糖"实验的研究者发现，当儿童不再把棉花糖看做"香甜可口"的东西，而把它当做"乌云"来看待时，测试会有更好的结果。这种认知重塑（cognitive appraisal）和人们看到女人哭啼的照片时的情绪变化一样。人类确实可以通过训练自己来让自己更能拒绝当下的诱惑。

心理学家杰瑞米·格蕾（Jeremy Gray）认为，**要拒绝当下的诱惑，**

最好的方法是去想象一个清晰的未来。实际上这种方法是泰勒为了确保战略贯彻而发明的。不过即使我们可以在情感诱惑面前保持理智，但要作出的决定太多了，仅靠逻辑根本应对不了。与其让意识驱使自己，不如告诉自己一个关于未来的故事，让这个故事驱使自己。只有这样才能确保我们所有的行动与决定都是前后连贯的，也只有这样才能确保决定不被大脑伏核（nucleus accumbens）区域的活动所干扰。

我们讲这个故事的次数越多，它在我们神经网络中嵌入得就越深，它对我们的思想与行为的影响也就越全面。但是只有我们相信这个故事，它才能够起作用。作为一种自律，我们所有的决定都要经过检查，看它是否和我们的故事相违背，就像奥德修斯想要杀死妻子的女仆时那样。如果伯尔事先了解了一些神经科学，并且对自己进行过一些奥德修斯式的讲故事训练，可能人民航空现在仍然存在着。这时，伯尔很可能会想到采用一种更慢但更可靠的发展方式，也许他当年就会想到在今天获得巨大成功的西南航空（Southwest Airlines）战略了。

反直觉奇招制胜法

奥德修斯的战略将一台攻城机器转变成了给神的祭品；亨利的战略将法军的数量优势变成了劣势；唐·伯尔的战略将购买机票变成了投给美国风尚的一票。在这 3 个案例中，战略都通过一种反常的方式改变了人的想法，因此竞争的本质绝对不仅仅是力量的抗衡。20 世纪 90 年代中叶，一个名叫剑桥科技（Cambridge Technology Partners）的小型企业通过一种反常的方式改变了战略的制订过程，由此让信息技术产业发生了翻天覆地的变化。

在我初次见到他们的总经理时，我了解到他从来没有上过大学或者商业学校，只接受过一次总经理培训。他的名字叫吉姆·辛姆斯（Jim

Sims），高中辍学参加了海军，在那里他接受了电脑技术培训。退役后，他进入了一家电脑制造厂工作。因为他的领导魅力和天生的销售天赋，很快就爬到了顶端，成为了总经理。当风险投资家们在高科技领域内寻找一位领军人物时，吉姆看起来像是最理想的人选。就在这个时候，我成了他的咨询师，那时他已将公司的年收入从不足 1 000 万美元提高到了超过 1 亿美元。

他没有受过任何正规的训练，却能成为一个完美的生意人，这点让我非常困惑。有一天我问了他这个问题，他向我描绘了他在底特律卖报纸的日子："所有人都在街边站着，等到红灯亮了时，都冲到前排的汽车边上兜售报纸，但我会跑到稍靠后的汽车那里去，因为这里没有竞争。"

"你知道，原来报纸卖 7 美分。多数人都会跟我要一份报纸，给我一枚 10 美分的硬币，然后告诉我不用找钱了。这点小利润不坏，不过我真正的机遇是当有人给我一枚 25 美分的硬币时，他们等着我找钱，而我会脱下一只手套，在全身上下所有的口袋里摸索。我会让他们一直等到变灯了，后面的汽车开始鸣笛。这时他们都会告诉我不用找了，然后就开车走了。"吉姆在早年就学会了寻找没有竞争的地方，预测并利用客户的反应。

剑桥科技公司的业务是利用用户服务技术研发一种应用程序。这个产业当时实际上是垄断封闭的，6 家大型会计公司的技术咨询部控制着全部业务。这些公司和多数大公司的金融部都有联系，因此，他们很容易交叉推销信息技术服务，新来者很难在市场中引起注意，更别提合作了。

这一切都被一个很有戏剧夸张天赋的麻省理工大学教授改变了。他主持了一个研讨会，向主要公司的新闻干事介绍了最新的客户服务技术和图形用户界面。晚上，他让学生简化了显示，让每位新闻监督都能体会到这种技术下的程序能为他们的公司带来多大的好处。他们都感到印象深刻，几乎马上就要雇佣这位教授来开发这种程序。为了满足市场需要，

129

他最终成立了剑桥科技公司。后来当公司进入经济困境时，风险投资家们又找来了吉姆。

工作地点在剑桥，两边分别是哈佛与麻省理工，吉姆很快就建立起了一支技术团队。他的销售专长加上雇员的技术知识，使他们很快就坐在一起规划业务的新前景了。他们没有像人民航空公司那样，从客户的需要出发制订战略。他们从客户讨厌的地方出发，设计的中心围绕着如何消灭这些让人讨厌的因素。这一个变化最终改变了整个行业。

应用程序的开发最令人讨厌的地方就是项目常常延期并且超过预算。这让财务总监根本不可能计划并有效地管理运营。更严重的是，这样的项目还会破坏他们在工作人员心中的公信力。为了消灭这一不利因素，剑桥科技决定提供固定的时间和固定的合同。公司明白这样的战略不容易被竞争对手模仿，因为其他公司的所有体系（包括补偿金），都是以时间和材料的记录为基础的。如果他们想要模仿剑桥科技的方式，就必须要重新设计自己的业务模式，这将花费大量的时间和金钱。这是他们无法承受的。

这一变化会带来许多连带变化。因为公司承诺了固定的时间和固定的价格，他们就必须消灭订单变动或者纠正。行业内的一般模式是让客户提供给卖主自己对程序规格的要求，这种模式肯定会导致某种程度的误读，所以也必须得改进。改进方式就是让客户和卖主一起制订规格。剑桥科技的方法是让双方代表组成一个小组，用一个星期的时间一起制订规格。

但是这个方案涉及很广，因此相应地还会有其他变革。剑桥科技让制订规格有了固定的价格，将一种服务变成了一种产品。为了确保小组成员有效地利用时间，他们为每个项目组都安排了一个训练有素的督导，同时督导还可以调节其他关键性分歧。多数研发项目的关注重心都在技术上，于是在施行的时候难免会出现行为问题。有了督导的介入，这个问题就得到了有效的调解与处理。

咨询师与客户之间永远存在着分歧，特别在涉及销售的地方，不过小组方式避免了这种情况的发生。在其他公司中，销售人员坐在客户与研发团队之间，但是剑桥科技没有服务推销人员，一周的规格制订工作结束后，客户公司的新闻总监会听同事为他介绍设计出的应用程序大概是什么样子。也就是说，是客户公司的新闻总监的人在帮他们销售应用程序。吉姆不仅仅是把销售一种服务改变成了销售产品，给了产品固定的价格，他甚至使客户变成了帮助他销售的人。

一个简单的改变，由满足需要变成消灭不足。改变了思维定式的同时，也制造了一种新的高等理念，指导着业务的方方面面，甚至将问题也变成了机遇。因此公司发展极快，使得他们不得不直接从学校里雇佣一些年轻的研发人员。但在他们的经营模式中，这些年轻人从工作的第一天起，就开始与客户打交道了。与传统企业中只有资深人员才能接触客户的规则正好相反。本来是迫不得已之举，但很快就传为美谈。他们的总裁这么对我说："最开始我们也担心客户的反应，不过我们只是对他们不断强调和充满活力的年轻人一起工作是多么的愉快。过了一段时间，客户也这么看待这些年轻人了。"

心理战

战略构思本质上就是意识的运作，而且很可能它正是人类为了处理冲突而进化出来的。我们退后一步，思考未来想要什么，然后决定现在该怎么做。不管我们的目标是要打败一头吃人的怪兽，还是要干掉追求我们妻子的坏蛋，又或者打败一支军队，其实内在的程序都是一样的。以达尔文主义为基础，思考环境、关系和心理三者。

商业策略与解决冲突策略之间最大的区别在于客户的存在。我们的精力不应该集中在打败对手上，因为人际关系的影响必然会使我们陷入恶性竞争的循环，我们的目标应该是比对手更好地满足客户的需要。在思考过环境、客户以及与我们相关的优势劣势之后，我们集中精力想出一种能经得住考验的竞争战略，保证自己的产品要么比对手更好，要么更便宜。

最终，在以心理为基础的世界观中，真正的战场在人的心中。通过关注人的思想，我们可以用超越牛顿世界观中的能量守恒定律来进行思考。起点就是去思考人心中的故事。我们对人心中的故事越了解，就越能从中获利，甚至将它按我们的意思进行改变。我们可以像亨利那样，利用对手的傲慢来对付他们，也可以像伯尔那样，发掘出客户的隐性动机。

不过最应该思考的东西是一个战略家的心理。我们需要清楚地认识到自己渴望得到最直接的满足，接受行为并不受意识支配这个事实。我们的信仰与价值观决定了我们的行为，我们要牢记我们为之奋斗的未来，并且不停地进行自我审查。我们还要有挑战传统智慧的愿望，因为这样才能像剑桥科技那样重构经营模式。在神经科学的世界观中，拥有一个战略家的心理是一种强有力的竞争优势，但只有在自律的基础上，并且着眼未来，它才能发挥作用。

Changing

Minds

第7章

改变心智力

与其为自己的世界观寻觅证据，我们不如去
寻觅反例。

改变心智力，启动改变器。

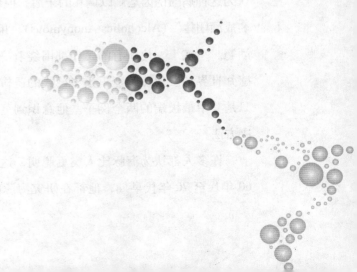

有人试图逼疯一只海豚。听到这句话我们肯定会感到莫名其妙，难以理解。我们知道海豚是一种快乐可爱的哺乳动物，好像应该永远带着笑容，它们永远不会伤害任何人。谁想逼疯一只海豚？怎么才能逼疯一只海豚？海豚疯了是什么样？这些问题好像根本就没有合理的答案。这些让人困惑的问题正是格雷戈里·贝特森（Gregory Bateson）的"逼疯海豚"实验的研究主题。

贝特森有着令人难以置信的广泛兴趣。与第一任妻子玛格丽特·米德在一起时，他研究了巴厘人的原住民文化，并且得出结论：今天困扰我们的许多矛盾冲突对巴厘人没有影响。后来，他又开始了对精神分裂症的研究，建立了"双重束缚理论"（double bind，形容人身上有两种迫切的愿望，满足其中一种会直接导致另一种希望破灭，反之亦然。），他认为这种病的诱因是难以调和的矛盾。他参与设计了"20步戒酒法"、"匿名戒酒团体"（Alcoholics Anonymous），用他设计的方法来帮助人们征服酒瘾。事实上，他所有的工作都围绕着一个主题，就是人类到底是怎么感知世界的。他认为亚里士多德式的逻辑漏洞百出，精神分裂症与嗜酒只是其中最极端的两个例子。他意识到更自然地利用心智是一种好的解决方法。

许多人都认为海豚比人类更聪明，这引起了贝特森的兴趣。从整个60年代至70年代早期，他都在研究海豚的心理活动。贝特森发现海豚和巴厘人一样，它们独有的体会世界的方式，使困扰着发达国家人们的许多矛盾冲突都对它们没有影响。不过发现一种更好的思维方式是一回事，有能力运用这种思维方式又是另一回事。最终他认识到，今天我们所面临的最大挑战就是改变。他对海豚所做的实验是一个尝试，想看看在什么条件下我们才能改变心智思维的方式。

当时认知失调理论已经得出结论，证明了我们对赏罚的反应并不像行为论者认为的那样直接。心理活动会干预这个过程。对失调的信息进行合理化、打折扣或者完全忽视，最终导致我们作出违心的反应。贝特森好奇的是，如果不和谐信息不能被亚里士多德式的逻辑如此轻易地过滤掉，那会是什么结果呢？会不会使我们的思维方式产生变化？于是他设计了一个实验，让奖励没有规律可言，也就无法根据逻辑进行反应。

是什么把海豚逼疯了

首先，他教给海豚一些杂技。海豚每表演一种，他就奖励它一条鱼。之后，他停止了每表演一种杂技的奖励，改为每表演三种奖励一次。海豚很快就适应了这种变化。但贝特森这时停止了一切奖励，不管海豚表演了多少种杂技都不给，只有在它表演一种全新的杂技时才会得到奖励。海豚对此的反应是，开始表演所有它会的杂技，或者一次一个，或者一次三个。当它发现无论怎样都拿不到奖励时，结果和贝特森预测的一样，它变得越来越愤怒。

但是在它表演了很多杂技都没得到奖励之后，"它疯了，表现出极度的沮丧和痛苦"。但这个实验接下来发生的事情完全出乎所有人的意料。这种动物不仅自己发明了一种新杂技（这个杂技马上就得到了奖励），而且表演了四种全新的跳跃方式。这四种跳跃方式之前从没有被任何海豚学会过。预计会得到奖励，但奖励却没有到来，这种矛盾使海豚感到痛苦。挣扎之后，它终于明白了想拿到奖励需要表演一种全新的杂技。

我们可以这样认识这个实验。海豚学会了玩这种赏罚的游戏，其中一个规则是"只要你重复一遍杂技，就能得到奖励"。游戏中没有任何规则能让海豚发明新的杂技，同样也没有任何规则能让海豚改变规则。事实上，海豚成为了游戏的囚徒。当贝特森不再对海豚表演已会的杂技给予奖励时，相当于他撤销了规则，使游戏结束了。海豚因为不知道该遵循什么规则因而变得沮丧，但之后开始产生随机的行为，直到其中一个碰巧是一种全新的杂技。这时他得到了奖励，海豚也意识到了游戏的新规则："如果表演了一个新杂技，你就能得到奖励。"**海豚经历了一次范式转换。**

贝特森的实验不仅仅展示出了海豚的聪明。这个实验还揭示出了智慧生物实现自我改变的真相。我们依据一种隐含的规则生活，这种规则规定了世界的运转方式和我们应作出的反应。我们一直把这种规则称为亚里士多德式逻辑。我们通过降低认知失调来使自己的体验与心中的世界一致，所有我们所遭遇的事情都是根据这一规则运作的。

想要改变自己的思想，以及来自思想的行为，唯一的方法就是像海豚一样认识到规则已经失效了，游戏结束了。为了达到这一目的，我们必须得经历一次"逻辑反转"，只有这样我们才能认识到规则已经失效。而且接下来产生的认知失调不可能被任何方法消除，除非采用一种带给我们新规则的新范式。

神经科学让作为管理者的我们有能力制订出更有活力的竞争战略，设计出更高级的机构，发掘出员工全部的潜质。但是如果我们不能贯彻，所有这些有力的创见都会变得毫无意义，而贯彻需要我们作出改变，不仅仅是改变行为，更要改变主导行为的思想。因为左右我们思想的范式本身不断地在自我强化。摆脱范式限制的唯一方法，就是去经历一次使范式失效的认知失调。

谢天谢地，神经科学也告诉了我们该如何制造这种认知失调。原理就在于对反常的巧妙运用。我们在试图改变个人行为或者团体行为时，结果往往是失败的，因为客观性范式会让人成为人际关系的受害者。但如果我们先运用逻辑反转，使范式失效，改变人的思维方式，这时我们就能按照自己的意图改变人的行为，并且实现企业重组了。**要创造并管理这种认知失调，故事是最好的方法。**

为什么变革总是失败

在风险投资资金到位之后，公司创立者做的第一件事就是从里面抽出 200 万美元买了一处滑雪屋。当我们站在门廊上的时候，他向我们解释说这个地方很适合软件研发人员编写程序。"他们可以坐在这，看着远处的大山，"他说着，手指向远方，"这肯定能刺激人的创造力。"虽然他早就以行事乖张出名了，但我仍然忍不住感叹，这个前大学教授是多么的关心自己手下的人。下午，经理团队就在这座滑雪屋内开了计划会。

午餐过后，会议开始了。在大概一个小时的时间里，经理团队都在研究不同的战略，这时公司创始人站了起来，宣称他们所有的看法都是废话。"这里唯一不是白痴的人，"他大声说，"就是那些毕业于卡内基梅隆大学的工程师。"多数经理都是从哈佛或者沃顿的商学院毕业的。屋子里安静了起来，每个经理的脸上都带着沮丧。不管他们到底是从哪个学校毕业的，我认为是时候休息一下了。

我把创始人带到一边，向他解释说，他的观察很可能是对的，我也理解他的失望，但他的表达方式是在伤害自己的团队。这会让经营人员与技术人员之间产生隔阂，而公司的成功需要他们通力合作。我告诉他可以用其他方式来处理自己的沮丧，并向他建议说，在重开会议的时候进行一次简短的道歉。根据我的经验，这能有效地阻止坏情绪妨碍我们的工作。另外还有什么的话，就是要多尊重一下自己的团队。

在会议重开时，他站了起来，我等待着他的简短声明好让工作回到正轨。但他说道："就我刚才所说的话，我得说得再精确一点：这里唯一不是白痴的人，是那些毕业于卡内基梅隆大学和加利福尼亚理工学院的工程师。"说完，他立刻就坐下了。不管他的意图是什么，会议结束了。在接下来的 6 个月中，所有管理者的注意力都集中在处理好自己与创始人的关系上，或者在尽可能地回避他。最终风险投资商们付他钱让他走人了，但已经为时过晚。公司已经错过了机会，3 000 万美元的资金除了一座滑雪屋，什么都没换来。

大家都变得更白痴

我不相信创始人当时只是在发脾气，或者是喜欢贬低别人。我认为他的本意是想提高经理们的思维层次。但他的方式受到了他所接受的范式的影响。在牛顿式的世界观中，想要改变别人，需要的只是一点点施力——这一点点力就是惩罚性的批评。用俗语来讲，就是"对着屁股上的一脚"。

我们都知道这不可能起作用。不要提人类根本没有控制自己智力的能力，即使有，他的方法已经变成了一种支配，就像阿基琉斯一样。人类厌恶被人支配。他的讲话所起的作用和通用电气的业绩考核程序一样，是一种阻力，不但没有消灭反而加强了他们所反对的行为。对于那些非工程师的经理们来说，变得更白痴简直成了必要的自我保护，或者至少不作为，以避免惩罚。会议剩下的时间内，经理们几乎没有提出任何意见。

因为我意识到了这种力量，所以在改变创始人的行为时我做得极其小心，避免任何言行被他误会为惩罚。我没有批评他，而是承认了他的评论可能是对的。之后引导他和我一起把注意力集中到我们的目标上。我单纯地提出了建议，虽然这些建议在我听起来客观又合理，但对他来说可能不是这样。不管怎么样，我的说理和他的批评一样，没起到任何作用。

虽然亚里士多德相信人是理智的动物，有力的道理能说服别人改变，但是我们知道事情不是这么简单。情感永远都会对我们的决定产生影响，我们也都经历过情感战胜理智的时刻。虽然创始人认为自己的评论完全合乎逻辑，但很明显他也受到了自己情绪的左右，而他对我给出的建议也是带着这种情绪作出的反应。即使他已经理智到冰冷的地步了，但他仍然要重新在会议上声明一遍自己的立场，以消除因为我的建议而产生的认知失调。当我们的逻辑受到挑战时，我们都会这么做。

不管是创始人的批评还是我的中性建议都存在着同一个问题：我们都想要从外向里来制造变化。虽然在以物质为基础的世界观中施力会起到作用，不管是友善、批评，还是奖励似乎都应该有作用。但在以心理为基础的世界观中，这些都不会有作用。正如苏格拉底所说的那样，当人的动机来自内在而不是外在的时候，当我们去请求而不是命令的时候，人最容易发生改变。

改变个人才能改变机构

在我为一家试图转型的电信公司工作过之后，"改变一个机构到底有多困难"这个问题，正是在这个时候真正引起了我的注意力。公司的一位管理者雇佣了我，要我教他的下属进行联合业绩评估。他的雇员给他取了个诨名，叫"大锤"——因为他管理的数据中心有一块地板翘起了，在他走过的时候会发出低音鼓一样的声音。

培训每天早上 8：30 开始。只要座位没满,他就会闯进员工的办公室,一点也不管他们在做什么,直接命令他们加入。团队中传言他的管理风格是他在军队里担任战俘审讯员时养成的。

新的业绩评估体系只能改变企业文化的一部分,另外还需要一套新的行为规范、公关活动和激励大会。目的是制造出一种更积极的工作氛围,培育适应新的市场环境所需的投入感与创新精神。

总经理发起了这次活动,因为他相信如果每个战略执行人不从本质上改变自己的行为,战略就不可能成功。事实上,他下了极大的决心,这项活动花费的 2 500 万美元被他视为完全必要。在这一点上,他比他的同事要超前很多———一个公司制订了战略,却因为旧制度无法废除而不能成功施行,这种事屡见不鲜。这个总经理不仅意识到了结构转型的必要,而且下了决心要改变起关键作用的文化氛围。贴在墙上的新行为准则确实对于公司的成功来说是必要的。问题在于除了总经理之外没有任何人接受这个准则。这 2 500 万美元所带来的仅仅是更多的咨询师诉求而已。

从很多地方来讲,**改变一个机构实际上是改变机构里的每一个人。**当转型活动建立在客观性范式的基础上,并依照亚里士多德式逻辑而设计的时候,改变的动机就是讲道理、威逼、利诱。然而这些对个人没有作用,我们也很难让它对由个人组成的团队起到什么影响。而且改变一个机构比改变一个人更有难度,因为在大多数情况下,与一个机构进行直接接触是不可能的。改变必须贯穿整个机构,管理层还是主管层,不管是哪个环节失败了,整个转型就失败了。

我们非常习惯于随时消灭认知失调,维持自己世界观的连贯,即使在我们的理智层面正在努力改变时也是如此。"大锤"的下属并不认为这次运动将会真的改变他们的工作方式。他们只是根据自己对"大锤"个性的了解在猜想,认为他也是迫不得已在应付上级的安排。甚至连活动的负责人也不相信这次运动会带来真正的变化，他们只是认为这次运动与以前的运动一样，是"例行公事"。

要进行一次转型运动，至少也需要所有环节协调起来。前景、战略、机构、文化、管理方式，都必须统一。即使这样也不一定能保证成功。"大锤"和主管的问题在于，他们可能明白这次运动的必要性，而且也支持这次运动，但他们从没有真的相信过。人的行为根本就不可能从外向里嵌入进去；而且，因为最终决定行为的是心理活动，所以我们的真实想法肯定会体现在行为的细节上。因此，**只有我们的思维方式改变了，一次转型运动才有可能成功**。

即使机构的所有环节都协调起来，支持转型运动，而且关注到了人们的想法，仍然还会存在其他的问题。因为我们的心理会自动消灭认知失调，但我们不一定能察觉到那些与我们的世界观不符的信息。只有当我们被迫认识到世界已经变了时，我们自己才有可能改变。否则，可能都不会有人注意到转型运动开始了。

还有一件事增加了转变的难度。我们的亚里士多德式逻辑让我们相信自己与世界是分离的，我们处于一个互相独立的关系网中。但是因为我们的行为会影响别人，别人的行为也会影响我们，就像产业中的价格战显示出的那样，我们的行动结果不一定和我们的预期相同。认知性范式把握到了这种关系——当我们试图改变时，结果可能正和我们第一次用 DDT 杀虫剂时一样。不只是虫子被杀死了，鸟吃了虫子之后也死了，其他动物吃了鸟之后也死了，DDT 的毒素一直在食物链中传递，直到我们也中毒了。意料之外的影响一直都在发生着。

系统学家贾姆希德·格哈拉杰达基（Jamshid Gharajedaghi）相信"以某一结果为意图的行为，事实上很可能会产生相反的结果"。他以毒品战争为例。美国政府投入了数十亿美元来打击毒品交易，但是结果与意图正好相反，反而制造出了巨大的贩毒集团。把毒品运到美国的难度越大，毒品的价格就越高，获利也就越高，这个行业对犯罪分子的吸引力也就越大。今天制毒贩毒产业的繁荣正是建立毒品非法的基础上，当然了，犯罪分子会尽一切努力增加需求和满足市场的需要。

人际关系的影响，正如我们所见，也会作用在赏罚机制上。增加人外在的动机可能会降低人内在的动机，而惩罚可能会加强我们试图消灭的行为。因为亚里士多德式逻辑使我们无法看清人际关系的影响，我们可能都意识不到自己的行为正在制造相反的结果。可能我们只会跟波特·高斯一样，简单地将之归罪于文化。

你得先引起它的注意

一个农夫为自己的驴感到骄傲，经常跟人吹嘘。某天他和他的邻居聊天，一直说着自己的驴是多么的好。"它非常聪明，"他说道，"干活不知疲倦，你要它做什么它就做什么。"

最后一句话让他的邻居终于感到受不了了。

"你怎么敢吹牛说你的驴什么都愿意干，"他说道，"驴很顽固，我从没见过任何驴能有你说的一半好。"

农夫听后一点也没有急躁，告诉邻居说一切都是真的。但是邻居不肯相信这么夸张的事情，要求道："让我见识见识！"

于是，他们去了谷仓，驴就在谷仓后面的栅栏里。他们走向栅栏，就在他们刚走到那里的时候，农夫弯下腰，捡起一条木板，抬手就抽在了驴脸上。邻居吓了一跳，问到："你干吗呢？你说你的驴愿意做任何事情。"

农夫回答说："是啊，它会做的，不过你得先引起它的注意。"

引起注意正是贝特森在引导海豚学会创造新杂技时所做的事。**我们**

142

都是范式的囚犯，拾取与范式吻合的信息，巧妙地消除不和谐的信息。逃脱范式控制的唯一方法就是中断范式的自动运作。木板也许对驴有效，但对人就需要一些更巧妙的工具了。

主动寻找反例

生理上，范式是已经适应了某种固定输入的神经回路，包括体会、理念，等等。当预期中的输入出现时，会导致极少的神经元放电。但当输入与预期不同时，会导致大量新的神经元放电。在这方面，大脑的两个半球似乎有具体的分工。神经科学家艾克荷南·哥德伯格（Elkhonon Goldberg）相信："右半球更善于处理新信息，左半球更善于处理有规律的、熟悉的信息。"根据神经科学来判断，引起我们的注意并阻止了自动运作的是新信息。

这是一个令人震惊的发现（当然我们已经说了那么多遍，现在也不会太震惊了）。就像一个记者说的那样："狗咬人不新鲜，人咬狗才新鲜。"如果理智像大量认知科学家们相信的那样，是进化中为了我们能更灵活地应对未知事物而出现，那么新鲜的事物会吸引我们注意力就很合理了。在没有新信息输入的情况下，我们的心理活动是自动地、无意识地运作着。可以把新信息当做与预期相反的事情，它让我们停下来，退一步进行反思。

研究显示，大脑处理新信息确实比处理预期中的信息要花费更长的时间。机能性磁共振成像技术向我们显示出，不熟悉的信息导致了前额叶皮层的活跃。生理上，意料之外的事情会导致叶皮层区域的神经细胞放电，而这个区域正是反思意识发生的地方，位于大脑的右半球——右半球是控制人全局观的地方。心理上，这让我们退后一步，引导我们的注意力到全局上。使我们发现原来游戏规则错了，原来我们正在使用的范式不能反映世界的本质。这时，我们就有能力接受一种新的范式了。

但是，在我们试图改变人们的思维方式时，并不是所有意料之外的事情都会有效果。它必须是某种无法被其他战略所消除的认知失调，也就是说不可能被忽视，或者打折扣，或者合理化。又因为我们的游戏规则是亚里士多德式逻辑，所以我们还需要逻辑反过来得到想要的结果。

社会心理学家发现，这种认知失调会阻止大脑的自动运作，迫使我们质疑范式的合理性。它使我们不会再通过消除认知失调来保持自己的世界观，相反我们会去改变自己的思维方式，重塑自己的世界观。我们不会再依据模板来改变输入，相反我们改变模板。

我们施行一次"认知重组"，创造出一个"新的整体"。扫除了旧的世界观，使不协调变得协调，使矛盾得到了解决。但只有在一种情况下这才有可能实现，即**"认知失调发生在一个非常高等级的理念上，涉及人全部的知识、信仰以及感觉"**。也就是说只有我们不再恐惧和躲避，开始认可并且接纳新的范式时，任何消除认知失调的方法才都不存在，这时才有实现"认知重组"的可能。

关于这种认知失调的实验，最常见的恐怕就是失败。当我们成功的时候，我们没有反思和改变的理由。成功强化了我们对自己工作方式的认可。但是当我们失败了的时候，大脑的自动运作停止了。我们不得不产生怀疑，进而挖掘更深层的原因，这时我们也许就会改变自己的思考与行为方式。人们认为古希腊科学家迈出的最大一步，就是在认识世界的时候，会去寻找与自己的理论相悖的信息，不像古埃及人那样，盲目地接受所有知识。

这就是为什么我们会将失败委婉地称之为"经验教训"。与其避讳失败，不如接受它，并且从中得到一些见识，帮助我们做得更好。虽然我们倾向于保护自己脆弱的自我认可，但挑战自我要更有建设意义。**与其为自己的世界观寻觅证据，我们不如去寻觅反例**。当某人要评价我们时，我真的应该这么想："啊，太好了，我终于有机会能提高自己了。"

运用反常来调动改变

反常的事情能吸引我们的注意力，使我们开始改变。制造变化的行动同样常常让我们感到反常。例如，大量执法专家都认为，我们不应该继续打击毒品了，相反应该让之合法化。这一行动不仅会消除大量打击毒品带来的花销（其中包括在监狱里供养大量囚犯的钱），同时也会降低毒贩的获利。没有了利益，犯罪分子就会离开这一产业，供应也会下降了。花在执法上的钱可以用在治疗和帮助人们戒毒上。当然人们担忧的是，在毒品合法化以后，吸毒人数会上升。其实相反，在欧洲国家中，像大麻这种安全不致瘾的药物并没有受到过分的限制，他们吸食大麻的人数也并没有比美国多。而且禁忌实验的结果同样也支持毒品合法化。

同样的道理，面对正在升级的冲突，反常的行为也是最好的解决方式。因为意见分歧双方在激烈地争吵着，声音越来越高，直到变成了喊叫。这时如果其中一人降低音量，不仅仅会让自己变得平静，也让对方失去了继续喊叫的理由。这种不合逻辑的行为反转了对方的逻辑，打破某种感情纠葛的最好方法也与此类似。

心理咨询师保罗·瓦兹拉威克（Paul Watzlawick）通过划一条线解释了为什么反常的行为会起到很好的效果。这是一条分割线，两边是"不同类型的改变：一种发生在一个给定体系中，发生改变的同时对体系没有影响；另一种在发生改变的同时也改变了体系"。他将体系内的行动称为"一阶变化"（first-order change），这种变化发生在牛顿运动定律支配的世界中。特点为以力角力，以暴制暴。这种变化产生了我们在价格战与赏罚应用中看到的那种人际关系效应。我在试图说服创始人道歉时，使用的也是"一阶变化"。

瓦兹拉威克称改变体系的行动为"二阶变化"（second-order change），这种行为在体系中表现出完全不合理的样貌。这就像在囚徒困境中通过对抗来换取合作一样，或者通过合法化毒品来消灭它，又或者在逻辑告诉你该防御时选择攻击法军，是一种反常的行为。就像圣雄甘地所表现出的那样，用非暴力来对付暴力，使暴力升级失去了依据。规则不存在了，游戏也就改变了。

瓦兹拉威克通过一个例子形象地说明了"一阶变化"和"二阶变化"的区别。

一对夫妇坐在一艘帆船上，为了使船保持平衡，男的坐在船的一侧，女的坐在另一侧。男的稍微向外移动了一点，迫使女的也要随着移动。就在她移动的过程中，男的又向外移动了一点，以抵消因为她的运动造成的不平衡。这种竞争一直持续到两人都距离自己最初坐的地方很远了。换句话来说，他们处于一种关系中，使得他们的行为是互相关联的。一个人动了会导致另一个也动起来，重新得到平衡。这就是"一阶变化"。

如果他们都坐在船里面，那么他们的航程肯定会变得更加舒适而且安全。解决方法就是他们中的一个人做出一种完全反常的行为，最初看来像是在破坏平衡而不是保持。他们中的一个人只要开始向里移动，就会迫使另一个人随之移动。这一行为从船内来看，显得很反常。但是从船外来看，从能看见全局的地方看，很明显就是唯一的解决方法。这就是"二阶变化"。

瓦兹拉威克在为一对夫妇提供心理咨询时展示出了"二阶变化"的力量。这对夫妇有一对过度关心他们的父母。每当父母来他们家时，母亲都会清理屋子，而父亲会修好屋子里任何损坏的日用品，不管这对夫妇怎么抗议，他们都要这么做。另外，他们的父母还坚持要付购物费用、餐馆账单和其他任何他们在这里时出现的花销。这对夫妇为父母的过度关心感到非常沮丧，很想结束这种情况。

他们试过了逻辑上的解决方法：在父母来以前就清理好房间，修好一切能修的东西；父母来后，他们抢着支付购物费和餐馆账单。

向父母显示出自己不需要帮助并没有起到作用。很明显，父母把这种游戏当做了一种竞争。他们肯定觉得自己为这对夫妇做的事情越多，这对夫妇自己做的事情也就越多。因此，他们没有理由改变自己的行为，因为他们收到了想要的结果。房间干净了，没有损坏的日用品，而夫妇俩也在坚持保持这种情况。因此，瓦兹拉威克建议这对夫妇去做完全相反的事情。不再跟父母显示自己的独立，相反向他们显示自己的依赖。

他们遵循了他的建议，下一次他们的父母来的时候，发现房间又脏又乱，损坏的东西非常多，而且他们两人看起来很乐意让父母为任何事情付账。结果，他们的父母决定暂时不去看他们了，并且对他们解释说，这是因为他们过于依赖父母的帮助了。当这对夫妇最初为了独立而抗议时，房子保持得干干净净，这让父母觉得自己帮助了孩子，是合格的父母，因此，他们的过度关心得到了强化。但当他们看到这对夫妇越来越依赖自己时，他们认识到他们的行为没有产生预期中的结果，这使他们想到，作为合格的父母，他们应该让依赖性过强的孩子自己站起来。

周五不戴假发上班去

瓦兹拉威克认为，**想出合适的反常行为的方法就是去改变"观点的情感基础或概念基础"**。改变范式，或者说改变我们对一种情况的解读方式，将能指引我们发现合适的行为。在牛顿力学支配的物质世界中，力的作用必须用力来抵消。在由互相依存的关系支配的心理世界中，我们应该根据自己预期中他人的反应来采取行动。我们可以通过放下自己的观点，利用心智解读能力来把握别人的观点，由此来改变概念基础。当我们这么做的时候，我们就会意识到，改变别人所需要的行为往往与我们想象中正好相反。

我们已经看到了反常在战略中的力量。在阿金库尔特战场上，意料之外的进攻使英国人的弱点变成了力量。我们也看到了为什么管理者支配员工的次数越少，就越能让员工按自己的意图做事，还有为什么一个机构的结构越简单，业绩就越好。而且我们还看到了，有时候销售咨询服务的最好方式，就是告诉客户他们不需要咨询服务。所有这些行动，只要见到了亚里士多德式逻辑都会被吓跑，但在以自然选择为依据的心理世界观中却显得合情合理。

遗憾的是，我们不能把反其道而行当做某种规律来接受。比如，当某人用枪指着你时告诉他开枪，这样太危险了；或者在竞争对手降价时涨价，这样太不明智了。但如果我们用认知性范式来替代客观性范式，我们就能掌握包括关系效应在内的全局观。这时我们就能判断出什么样的行为能带来我们想要的反应了。

在以心理为基础的世界观中，我们无法找到物质世界中那种存在于起因与影响之间的直接联系，像赏罚机制那样的联系。因此，最好的方法就是，判断出在什么样的条件下我们想改变的对象会依我们的意图行事，然后做出反常的行为来制造出这样的条件。换句话说，**就是判断出目前的游戏规则是什么，想方设法使规则失效，然后按照自己的意思重新建立规则**。

如果我们想让人们开始注重工作而不是奖励，我们可以像李·亚科卡 (Lee Lacocca) 接受破产的克莱斯勒公司时那样，只领 1 美元工资来显示自己对公司的忠诚；如果我们想打破等级制，创造出更有参与性的管理氛围，我们可以像花旗的总经理约翰·里德（John Reed）一样，把自己的办公室从总部 15 楼搬到 2 楼；如果我们想要制造出一种不那么程式化的、以小组为基础的工作方式，我们可以像伯利恒钢铁的一位主管那样，在上任的第一个周五不戴假发出现在办公室内。

因为这些行为非常反常，它们阻止了大脑的自动运作，发出变革即将来临的信号。又因为这些行为以改变人的思想为目标，而不是某种直接的行为，所以能有效地避免成为人际关系的受害者。但是，行为和所传达的信息的一致性仍然是必需的。确保这一点的最好方法就是：**改变人心中的故事**。

改变人心中的故事

正如我们所看到的那样，通过故事来改变人的行为要胜过逻辑论断。因为故事不会自称真实，不会陷入关系效应中，不会让人产生抵触情绪。故事是我们内心最自然的工作方式，所以也更容易起作用。故事同时指向人的智力与情感，指向人大脑的两个半球，比论断拥有更深刻的影响。通过引起我们对关系与环境的关注，故事防止了我们成为"一阶变化"的受害者。但故事最有力的地方在于它以认知失调为中心，能从本质上改变人的思想，最先注意到这一点的不是别人，正是亚里士多德。

在我们回头去想听过的故事时，我们倾向于总结归纳。从结局开始思考，我们认识到了哪些事件导致了这种结局。特洛伊的沦陷是因为特洛伊人绑架了海伦；哈姆雷特之死是因为他对父亲被谋杀这件事反应过激；人民航空的失败是因为唐·伯尔的额眶皮质发育不良。但在我们听故事的过程中，我们对故事的体验不是这样的。我们不是从结局开始思考，而是从起点开始，然后一点点了解过程。

在我们听故事的过程中，我们听到的是不同的计划。确定一个目标，做一系列事情来实现这个目标。但一个只关于计划的故事不会太吸引我们。故事真正开始吸引我们的时候，是当计划失败时，发生了意料之外的事情，导致计划没有实现。这是故事对我们最有价值的地方。心理学家杰罗姆·布鲁纳（Jerome Bruner）认为："**故事的魅力就在出乎意料。**"故事的存在，首先是一种应对认知失调的方式。

我们的战略家奥德修斯的总体计划是坐船回到伊萨卡岛的自己家里，

但是史诗为他的归途安排了重重障碍。亚里士多德称这种障碍为"突转"，并将它定义为"从一种情况到相反情况的转变"。就像海豚在表演杂技之后可能不会得到奖励一样，"突转"警告我们，世界和我们想的不一样。因此，我们应该和海豚一样，当置身于某种故事情节中的时候，我们应该寻找解决方法。像布鲁纳说的："故事涉及可供模仿的行为，或者打破某种局面的条件及其结果。最终会得出某种解决方案。"

但和海豚不同的是，我们只是在故事中体验到认知失调。我们不用亲自经历那么多次的尝试和失败。解决方法是直接给我们的，而不是随机出现的，因此改变的过程是可以调整的。就像反常的行为可以建立我们想要的游戏规则一样，"突转"可以确保良好的解决方法的出现。

如果我们从这个角度来思考该如何改变别人这个问题，想出瓦兹拉威克眼中"二阶变化"所需的反常行为就容易多了。故事的开头已经给出了，故事的结尾就是我们渴望出现的未来。我们拥有精确的战略和贯彻战略所需的全部因素。这时还需要的只有两件事：导致认知失调的事件和"突转"，这能使人们停止按照原来的思维方式进行思考，并且创造出一种能帮我们实现目标的新思维方式。

天底下最无聊的故事莫过于说，一个公司从未间断地让控股人获利，或者一个濒临破产的公司开始降价而结果又重新实现了盈利。但管理学所讲的故事，往往都是这种无聊的故事。一个真正能打动人的故事一定要浪漫，故事的主人公会完成伟大的壮举。比如，伯利恒钢铁公司的故事，人们团结起来，战胜自己的傲慢与错误，拯救了一个伟大的美国品牌；在剑桥科技公司的故事中，就像大卫用弹弓杀死歌利亚一样，他们通过聪明才智打败了 IT 行业中的巨人。

"突转"能否起作用的关键在于它能否让人相信明天和今天将会不一样。当我们在阅读故事的时候，我们必须要相信它有可能发生，才会相信它发生之后的结果。比如，一个濒临破产的钢铁公司抛弃了以往的管理成见，这是可信的事情——特别是当他们已经建立了自我管理的小组，搬到新的地方去办公，设计了新的标志，重新举办了开业典礼，这时候就显得更加可信了。但一个汽车公司，其历史上所有的转型运动一贯的失败，生产出的汽车从没有过创意，等级森严无法撼动，说这次它真的能改变，就很可能是不可信的了。

故事还有其他的好处，它让我们关注每一个可信的细节。因此，情节设置、人物性格、行为都必须一致，不能有任何错位，不能传递出任何含糊的信息。一次有效的转型运动要像舞台剧一样，每个场景都必须完美无缺，每个角色都必须刻画到位，每次行动都必须一丝不苟。

认知失调改变范式

神经科学的发现告诉了我们一种更好的思考经营问题的方式，这种方式能带给我们更有力的战略、更顺畅的贯彻、更巧妙的机构设计以及更有效的管理方式。但这种新方式只有在实践中才有价值，而实践的前提是我们必须先改变。遗憾的是，由亚里士多德式逻辑所驱使的改变注定会失败。在以心理为基础的世界观中，起因和影响不是直接相关联的。奖励与惩罚产生的结果经常与我们的意图相反，而逻辑论断经常使那些不同于我们意见的人更加反感我们的看法。

问题就在于我们的内心在进化中产生了维持现状的倾向。我们非常善于消除威胁到我们世界观的认知失调，其中也包括可以使我们发生改变的认知失调。不过反常的是，消除认知失调的能力同时也赋予了我们改变的能力。当认知失调发生在一种高等级的理念上，并且非常反常，又无法被其他方法消除的时候，它就会带来一次范式转变，让我们思考与行为方式都发生变化。

这种认知失调使游戏的逻辑规则失效。它迫使我们认识到游戏变了，规则也变了。我们可以管理这种变化，使新的游戏规则变成正是我们的转型运动所需要的规则。在某些情况下，反其道行事能创造出我们需要的这种认知失调，不过通常情况下，最好还是先改变自己的思维方式，然后再制造认知失调。

故事是实现这一目标最简单的方式。故事以"突转"为中心，能改变我们的思维方式，而且正如我们所看到的那样，故事能对我们产生一种深刻的影响。想要制造一个能调整企业转型的故事，我们需要做的是，确定我们当前的位置，定位我们的目标，再寻找一个可信的事件让我们踏上正轨。但一个故事要真正有效，还必须把目标与一种伟大的事业联系起来，给人以舞台剧中那样的激情与投入感。而这正是领导者必须负责的事情。

第8章
如何做个好领导

从今天起，直到世界的末日
我们将被永远铭记

我们这些幸福的少数人，我们是兄弟
因为今天谁跟我一起流血，今后他就是我的兄弟神经科学的发现中最有意思的一个，就是"我并不存在"。我确实有个社保账号，有个工作地点，有个家庭住址，因此，在政府眼中，在我的同事和家人眼中，查尔斯·雅各布斯是存在的。但是我心中的那个"我"，我毕生形成的自我定义，从早到晚笼罩着我的个人形象，其实只是一种幻觉。而且这不只是"我"的问题，你的"自我"也是幻觉。

我并不存在

不过正如我知道我现在正坐着一样，我也知道我存在着。在打字的时候我可以眼睛向下看，看到我伸出的手臂和放在键盘上的手；我清晰地记得我早上起床后去跑了一会儿步，吃了早餐；当我们抬头看桌子的时候，我看到一张自己与家人的合影，那是去年度假时拍的……如果我还需要更多的证据，我还知道现在我正坐在这思考着自己的存在问题，根据勒内·笛卡尔（Rene Descartes）的名言"我思故我在"，我想这足够证明我的存在了。

但所有这些证据在一个简单的实验面前都被打碎了，似乎我又不存在了。一个屏幕上有两张相距一段距离的图片，当这两张图片亮起来的时候，我们会感觉到第一张图片在向第二张图片靠近。这一心理学现象被称为"飞现象"（phi phenomenon，指代知觉错觉现象，即错视。描述一连串静态图片却会造成移动的错觉）。我们对此并不陌生，因为这正是电影的原理。电影只是静止的图片在连续播放，我们却从中感觉到了无缝运动。

当我们在"飞现象"中引入颜色之后，奇怪的事情发生了。一个红灯亮了一瞬间，隔一段时间，距离不远处的一个绿灯又亮了一瞬间。和黑白电影一样，红灯似乎在向绿灯移动。但在移动过程中，灯的颜色神奇地从红色变成了绿色。

我们知道灯的颜色并没有真的改变，只是后面的绿灯使我们产生了幻觉，但我们看到变色在先，绿灯点亮在后。除非我们预知了未来，知道后面会有一个绿灯亮起来，否则怎么会出现这种情况呢。就算我们真正预知了未来，但这怎么可能让红灯变成绿色呢？

这个实验的结果打破了常识。我们知道自己不能预言未来，但该怎么解释灯变色这件事呢？神经科学给我们的答案是，因为"我"不存在。在我们对红灯的体验与对绿灯的体验之间并不存在任何联系，因为那个坐在那观察红灯变绿的"我"只是一种幻觉。

我是谁

常识告诉我们，是"我"在观察世界，是"我"在支配自己的思考与行动。我们常常把这想象成一个小男人或者小女人住在我们的大脑内。是这个小人坐在后面观察并控制我们的生活。如果某些地方引起了我们的注意，我们认为是小人让我们去关注那里。很多人还会觉得自己能觉察出他人脑袋里的小人。

但是，我们的大脑里当然没有小人。脑细胞充满了我们的颅骨，没地方给小人居住。除此之外，大脑中也没有任何观察室或者控制中心。就算我们不管"飞现象"怎么说，就算是"我"在支配我们的注意力，控制我们的行为，但"我"是谁，是什么，仍然是一个问题。

根据神经科学，我们对世界的体验是大脑不同区域的神经网细胞放电的结果。当我们关注某件事物时，我们意识到了它的存在，并且它会变成一个更大的神经网络的一部分，与大脑的多个区域相联系。很多体验可以同时存在，丹尼尔·丹尼特（Daniel Dennett）认为我们可以将之理解为"多重草图"（multiple drafts），也就是对经验的不同解读方式。

经过所有心理活动的共同处理，某一个草稿因为更适应我们的心理而被选中。虽然每一个都像电影胶片一样，是不连续的，但对这些事物的连续体验产生了"某种类似叙事流的东西"。在"飞试验"中，移动的红灯这张草图被移动的绿灯所取代，因此在我们看的时候像是改变了颜色。在"我"是否存在这个问题上，草图的连续出现制造了一种存在的幻觉，这和静止图片的连续出现产生电影一样。

"多重草图"理论所蕴含的信息使许多人激烈地反对它。如果自我不存在，那么人就没有道理为个人行为负责。一个聪明的律师可能会辩护说，现在站在法庭上的当事人，与那个犯了谋杀罪的人不是一个人。我们必须得接受，和我们共进晚餐的妻子不是我们当初娶的那个人。最吓人的可能是，正在读这一页书的你不是读过前面那些页的你。虽然常识告诉我们这是荒唐的，但我们必须得记住，常识也只是神经网络中细胞放电所制造的"多重草图"中的一种。

我们大可以继续坚持"我存在"这个幻觉，并且相信我们晚上见到的妻子正是早上分别时那个妻子。但我们不能再认为自己或他人的观点有可能客观地反映现实，或者我们有能力控制自己的思想和行为了。这个瞬息万变的世界需要我们用不同的思考和行为方式去应对。

似动现象对领导者提出了一个根本性问题：如果"我"不存在，那么是谁，或者是什么东西，在做领导工作？神经科学给我们的答案打破了传统观点，领导者不再是掌握决定权的人。他们不再是占统治地位的"一号",而是扮演了苏格拉底的角色。他们不再使用任何强制措施,相反会去理解那些属下的心理和他们的志向。在管理、组织、战略等方面,历史上的模式能帮我们画出一张好领导的简图。而且我们还有翔实的资料来告诉我们,什么样的领导方式能产生好的结果。

巴顿式的领导

在电影《巴顿将军》(Patton,二战知名将领的传记电影)的开头,饰演这位二战著名将军的演员乔治·斯科特(George C. Scott)走上演讲台对士兵训话,背景是一面巨大的美国国旗。他穿着自己设计的制服,骑马裤塞进长靴内,穿着挂满了勋章的背心,中间连着一条蓝色饰带,头戴着钢盔,腰里别着一把象牙手柄的手枪。他坚定地站在那,用他标志性的粗糙嗓音开始训话,声音洪亮得让人一听就知道他是指挥官。

他首先告诉自己的士兵:"没有哪个婊子养的能靠为国捐躯赢得胜利,赢得胜利靠的是'让敌国的那些婊子养的去死!'"巴顿曾是一名历史系的学生,他对奥德修斯的故事领会得非常到位。讲完这些激励人心的话作为铺垫之后,他开始阐释自己的目标了:"我不想从前线收到任何消息说我们守住了阵地。"他命令道:"我们什么也不守……我们会不断地前进,像鹅拉屎一样穿过敌人的阵地。"巴顿很清楚比喻的价值。

他接着这个比喻说道:"我们要把敌人的胆汁打出来,然后用它来当坦克的润滑剂。"为了激励士兵的勇气,他告诉他们,当你看到自己最好的朋友的脸变成了一摊烂泥时,你肯定会有勇气并且知道自己该做什么。这种可怕而又生动的画面表现出了巴顿的领导风格——恐惧是他最有力的激励工具。

当我们想到领导时,我们的脑海里经常会浮现出斯科特饰演的巴顿。他所投射出的勇气与狂野的力量和深受希腊人喜爱的阿基琉斯很像。我

157

们认为他强壮、有统帅能力、勇敢、果断。我们能想象出他在战场上冲在队伍的最前面，但我们肯定想象不出他能像奥德修斯那样，把自己伪装成一个乞丐，忍受妻子追求者的侮辱。

研究显示，用这种威权式领导方式处理危机，只有在人们习惯接受命令的情况下，才会起到很好的作用。另外，巴顿确实在战场上赢得了许多胜利，而士兵肯定愿意追随一个能带来胜利和荣耀，而不是失败和死亡的将军。但我们对心理活动和关系效应的了解告诉我们，巴顿的方式肯定会让他自食恶果，事实也确实如此。一个士兵因为战争疲劳症而无法继续作战，而巴顿试图通过不断抽打他的脸来让他回到战斗中去。发生了这件事之后，他在战场上所有的成就都被人遗忘了。不久以后，这位将军默默无闻地去世了。

巴顿的领导方式对商业世界产生了巨大的影响。因为20世纪上半叶，许多企业的管理者（多数是男人），都把自己在二战从军时学到的东西应用了进来。命令、强制力、威胁……这些成了他们最喜欢的工具，由此产生的抵触与消极又反过来成了这些工具的必要性依据。时代在变化，但企业和企业文化却没有跟上步调。客观性范式和以此为基础的领导模式仍然坚守着阵地。

在软件公司的创始人贬低自己的经理人时，我们看到了巴顿的领导风格；在钢铁公司的总裁将参与性管理视为对时间与金钱的浪费时，我们也看到了巴顿的影子；在"大锤"闯进别人的办公室时，在唐纳德·特朗普（Donald Trump）的名言"你被解雇了"（You're fired）中，在利昂娜·赫里姆斯利（Leona Helmsley）的译名"吝啬女王"（Queen of Mean）中，我们都看到了巴顿的身影。

在我的职业生涯中，我无数次遇到过这种情况，有时候荒唐得几乎与喜剧一样。我见过一家保健公司的总经理在管理会议上命令一个运营主管去为他修理漏水的马桶；我见过一家日用产品生产公司的总裁把自己的眼镜砸向生产部的副总裁，当我问他为什么用眼镜砸人时，他说他当时没找到更沉的东西。当我第一次进入咨询公司工作的时候，我的新老板说我办事就像屁股上长了刺一样，好像我是某种动物，而且当着我的面问总经理他能"逼"我做什么。

虽然我们可能会难以自禁地被巴顿所吸引，并且渴望模仿他，但当你真的开始做了的时候，你的领导方式肯定起不到任何作用。虽然恐惧和威胁能在短期内带来服从，但我们都知道它们还会造成抵触。虽然在危机出现时，我们可能确实会想要一个强硬的领导，但因为关系效应的存在，人会因此失去自信。没有人在耳边喊叫着命令他时，他就无法决定该做什么。另外，抽人嘴巴只会激起人一种情绪，就是想抽回去。

巴顿式领导模式更深层的问题在于，它与有思维能力的生物的特点相悖。在物质世界中，每个行为背后都有一个传递者。就像想要向台球施力必须要有球杆一样。但"飞现象"证明，心理世界不是这样的。我们的思想与行为既不是被自己，也不是被他人控制的，而是被最适应心理环境的叙事草图控制着。领导别人不是强迫别人按自己的要求做事，而是告诉别人一个故事，让他们想做我们希望他们做的事。

领导者需要知道的事

重约 5 英磅、1 200 页、双分栏排版、小字体印刷、副标题为《理论、研究和管理学应用》，伯纳德·巴斯（Bernard Bass）和拉弗·史达迪尔（Ralph Stogdill）的这本《领导学手册》不是那种随便读来消磨时间的书。事实上，大多数人可能都不会去碰这本书。这本书由成百上千的领导学研究编纂在一起组成。商界中的人很少有谁会去看这本书，不过这是一种遗憾，因为这本书就是一个宝藏。

这不是什么讲述某种新模式的畅销书、5 个步骤保证神奇的效果，或者颂扬某个成功的公司。它是关于所有领导方式的研究、对结果的分析，都被严谨地编纂在这本书里了。这就是管理者所喜爱的过硬翔实的资料，书里讲的一切内容都在告诉我们该怎么样才能让管理更加有效。

这本书的内容和它外表看起来一样丰富，你总是能在里面发现能引起你反思的东西。里面有一项研究评估了按业绩付费的模式，这是今天许多企业的固定模式，但研究中发现，付费与业绩之间根本就不存在联系。还有一项研究发现赏罚机制是有效的，但前提是工作必须得是"重复性的、枯燥的、冗长的"。还有一项研究发现奖励的效果并不取决于奖励的东西是什么，而取决于在员工心里管理者给予奖励的理由是什么。

书里还有很多其他的研究，比如，威权式领导方式和民主式领导方式，命令式的决策制订与参与式的决策制订，关注员工与关注生产的不同结果。我们学到了什么样的领导方式最适合高智力型的工作，什么样的适合无须智力的工作；什么样的适合技术工人，什么样的适合非技术工人；什么样的适合了解管理学的管理者，什么样的适合不了解的。我们发现某些领导形式能提高员工的满足感，某些会提高业绩，某些能增进团队合作，甚至还有一些研究是关于什么样的领导方式适合实现长远目标，什么样的适合实现短期目标。

这个手册的问题就在于信息量太大了，人们很可能读完了仍然不知道什么样的领导方式更适合自己。有许多互相依存的变数需要考虑，可以选择的领导方式也太多了——对领导的定义和思考"领导是什么"这个问题的人一样多。

决定什么样的领导方式更适合某一个特定的环境更难，因为领导者们大多不太清楚自己在用的算哪种方式。根据手册中对360°反馈的研究，领导眼中自己的领导方式，往往和雇员眼中他的领导方式不一样。管理者对自己的领导能力的评分往往比雇员给他的评分要高，特别是在参与式领导方式下。

变革型领导的风格

书中传递出一个非常明确的信息，即变革型领导者的工作效果往往比交易型领导者好。交易型领导（transactional），顾名思义，领导关系就是一种简单的交易。这种交易在多数情况下，是雇员用工作换取领导的钱，不过也包括其他形式的交易，比如，用忠诚换取工作的稳定，用友谊换取领导的偏爱，用投入换取升职的机会。大多数管理关系都是建立在这种领导形式上的。

变革型领导（transformational）则大不相同。这不是一种等价交换，而是雇员在决定追随一个领导者后，愿意让自己发生本质上的变化。什么样的变化呢？当然是世界观的变化，思考与行为方式的变化。这种领导形式常常被人视为是领袖魅力的产物，它让雇员意识到自己工作中更深刻的目标，并且决定去实现这个目标。变革型领导者与他人之间的关系会更加让人兴奋，追随者也会更加投入。

首先使用变革型与交易型这两个术语的是政治科学家詹姆斯·麦克雷戈·伯恩斯（James McGregor Burns）。在他出版于 1978 年的经典著作《领导力》（Leadership）中，他提出：类似温斯顿·丘吉尔和富兰克林·罗斯福这样的领导者，是变革型领导的典范。他们都在危机中开始掌权，都带领自己的追随者战胜了前所未有的困境。他们都号召人民进行自我牺牲，但同时也向人民展示出一个很可能会实现的美好未来。人们被要求改变自己，当他们真的做到了的时候，他们实现了自己曾经认为不可能实现的目标。

虽然我们都想把自己比做丘吉尔，但商界中的大多数管理者都是交易型领导者，不过奇怪的是这种交易是建立在一种隐含的赏罚机制上的。因为大多数管理者都不愿意惩罚别人，所以他们避开了它，只单独地利用奖励。这种机制除了具有我们已经注意到的那些问题之外，还有一个问题，就是它只能强化当前的行为。一个交易型领导者不可能像变革型领导者那样让人产生出本质的变化。

鉴于赏罚机制的局限性和人心中理念的运作方式，于是变革型领导者总是比交易型领导者取得更好的成绩就一点也不让人觉得奇怪了。我们想要的是飞跃还是循序渐进，这确实是一个问题，但是变革型领导即使在交易型领导仍处于统治地位时，也显示出了提高人们表现的能力。虽然我们可能不用去领导不列颠战役，但我们仍然可以成为变革型领导者，因为这更能让我们获利。另外，这种方式对领导来说意味着更大的挑战，对追随者来说意味着更多的乐趣。

亨利五世的胜利

决定成败的时刻马上就要来了！你把你全部的事业都赌在了这个时刻，然而胜利的希望看起来并不很大。虽然所有人都知道你处在极大的劣势中，但你仍然面不改色。正在这个你最需要支持的时候，你的一位下属开始抱怨说需要更多的资源。这是你最不想听到的事情，这时候大发脾气的话恐怕谁都不会怪你。

但亨利五世在阿金库尔特战役前的反应绝不是发脾气，至少根据莎士比亚的记载来看不是。在他的侄子威斯特摩兰（Westmoreland）和英军的一位指挥官向他建议从英国调集更多的军队时，亨利的回答成为了有史以来最伟大的变革型领导者的演说，这段话激励了温斯顿·丘吉尔和约翰·肯尼迪等很多人。虽然莎士比亚所写的可能只是"一个故事"，但它完美地说明了领导者应该做的事情是什么。比钻进巴斯和史达迪尔的书中去挖掘，这样明显更加容易，因为故事在唤起人智力的参与同时，也唤起了人感情的参与。

大多数人可能都会用严厉的训斥来回答威斯特摩兰，不过这位年轻的国王一点没觉得他的将军所说的话有问题。他反倒认为这是一个机会，让他能化解士兵们的疑虑。亨利认为人数少可能意味着机会，而不是问题。他告诉将士们，他们不需要更多的人。如果他们有了更多人但是失败了，那结果只是更多的人死去，如果他们有了更多的人而且成功了，这些人会分走荣耀。

在科学研究确定变革型领导的主要特点之前4个世纪，莎士比亚就通过亨利五世给了我们一个完美的例子：国王继续巧妙地激励着将士们。虽然他是最高指挥官，但他拒绝违背士兵的意志带他们上战场。而且告诉他们，如果他们想走，他可以提供路费。当然了，为了让士兵作出他想要的决定，他也作了很多铺垫，比如这段声明：

"我们绝不和这种人一起死；
这种害怕和他的兄弟一起死的家伙。"

打仗与否由官兵自己决定

现在亨利已经充分吸引了士兵们的注意力，他为士兵们描绘了不止一个，而是两个可以为之战斗的未来。

**"从今天起，直到世界的末日，
我们将被永远铭记。"**

他许诺给士兵得到不朽的机会。这确实很鼓舞人心，而且也把自己的事业上升到了一个很大的高度，但大多数人可能都愿意拿一笔小钱，不希望送死。于是他用恰到好处的细节描绘了一幅未来某个节日庆典中的画面：和朋友一起喝着麦芽酒，向他们展示自己的伤疤，告诉他们这是参加阿金库尔特战役留下的。在没有消毒手段的过去，受伤是仅次于死亡的可怕事情，因为受伤也很可能会导致送命。但亨利处理这个问题的方法就像处理人数问题一样，他改变了人们看待受伤这件事的角度。

不过亨利的演说还没完。鉴于关系效应的影响，亨利肯定不是站在演讲台上。在他的演说中，有一段内容他重复了很多次，就是他打破等级的一段话：

> "我们这些幸福的少数人，我们是兄弟；
>   因为今天谁跟我一起流血，今后他就是我的兄弟。"

亨利必须要把士兵的注意力转移回来，回到战场上，以使他们能够发挥出最大的实力，因此，他用成为国王的兄弟作为一种诱惑。

之后，他又开始说到威斯特摩兰提到的英国援军。他说那些人是不幸的，亨利声明说："他们可能会以为自己是因为被诅咒了，所以没能来到这里。"这时，演说又回到了最开始的话题上，但有一个关键的区别。我们经历了一次亚里士多德说的突转，人们对这场战争的认识发生了360°的转变。世界改变了，人改变了。

这和巴顿的战前演说形成了鲜明的对比。没有不断前进的命令，没有血肉模糊的画面。相反，亨利的士兵可以自由选择是留下战斗，还是离开。没有"一摊烂泥"一样的人脸，伤疤变成了和荣誉勋章一样的东西。当然也没有什么"婊子养的"。每个人都是兄弟，也是国王的兄弟。亨利能激发起人彻底的改变，而巴顿只能用这种话来激励士兵："真正的美国人都喜欢战场的恶臭。"

亨利的过人之处在于他能体会士兵的感受，制造出一种浪漫的反常概念，然后用一种强有力的方式表达出来，让人的世界观因此发生变化。同时，他和苏格拉底一样谦卑，不要演讲台，而要做士兵的兄弟，莎士比亚笔下的亨利和苏格拉底一样，明白这个世界本质上是心理的世界。

在上战场前，他对士兵说的最后一句话是："只要心中准备好了，一切就都准备好了。"

当然，用文学来判断哪种领导方式更好，既不公平也不科学。不过亨利的演说确实描绘出了一个变革型领导者应做的一切。这种领导者不仅仅能在战场上激发起出色的表现，在商界，在任何地方也都可以。另外，故事也是范式，而亨利为企业领导者们树立了一个恰当的榜样。

如果亨利五世走进商界

在商界中，我们不太可能像亨利那样面对死亡或者国耻。而且如果我们真的穿上紧身上衣，口吐莎士比亚诗句，向追随者许诺不朽，这样肯定会让我们显得非常荒唐。但是我们已经知道了交易型领导的局限，以及变革型领导在提高企业业绩和员工满意度上的出色实力，因此确实应该寻找一种方法，把亨利演说中的内涵传递到商界中来。我们可以参考下面这 5 种行为：

改变范式　鉴于人的内心会自动消除认知失调，并且会调整自己的体验以使之符合自己的信念。所以表达气愤，或者讲道理，都不会起到作用。能起作用的是改变人们对世界的看法，特别是在遇到困境、需要变革的时刻。经营困境可以视为一种机遇，让你可以打破旧习，按照自己的意图重新设计经营方式。或者你可以把企业转型描绘成一种终极挑战，只要人成功了一次，今后就会有信心做任何事情。如果实在没有任何办法来美化正在做的工作，你也可以简单地向人说明局势，并告诉他们已经无路可退，只有尽力一搏了。

民主化　巴斯和史达迪尔给我们提供了大量的研究结果，显示出参与能同时提高企业业绩和员工满意度。但在某些情况下让员工参与是不合适的，如果员工是新人，业务不熟练，缺乏作决定所需的经验。但是对 360° 反馈的研究显示出，在我们的雇员对我们的民主程度进行打分时，往往比我们自己打的分要低。因此，民主得过分一点吧，不会有太大的风险。

传递美好的前景　正如我们在亨利的演说中所看到的那样，未来的画面会让人超越自身，但这种前景必须要让人能切身体会到。在商界中，人们给出的前景常常既无法鼓舞人心，也无法让人切身体会到。一家电信公司的总经理对手下的 400 名主管宣布，他眼中的未来是"股东利益的提高"。他的听众，拥有的股份和他相比少得可怜，对他的前景描绘的反应是统一打哈欠。其中的一个主管后来跟我开玩笑说，如果这个总经理是地球人，他就不应该作出那样的演说。

前景还必须要可信，不能太夸张。谁也不会相信一个快餐店将会让世界更美好，不过雇员会相信这样的前景，让自己的公司拥有整个产业中最满意的顾客。关于一种新的产品、新的服务或者新的经营方式的前景经常会起到鼓舞人心的作用。

"改变世界的看法"，对数码公司的雇员很合适，而对于伯利恒公司来说，保住公司和退休金这个前景就足够了。对于大多数人来说，最合适的前景大概就是做自己的能做的，尽最大努力成为最好的，不管是设计薯片、冶炼钢铁还是给饿了的顾客提供快餐，都适用。

和故事一样，一种前景越是能让人有切身体会，就越有力量，所以把前景实现之后的成果描绘得越具体越好。可以通过描绘一个画面，向人们展示出前景实现后的那个时刻来做到这一点。可以是客户满意度达到行业最高的那天，也可以是新客户上门后的庆功宴。

讲故事　正如我们所看到的那样，人们是通过故事来认识世界的。而"飞现象"说明，没有哪个故事是特别属于"我"的。相反，神经网络中存在的任何故事都有可能会引起我们的注意，最终我们会根据它是否合适和是否吸引我们来决定相信哪个故事。一个变革型领导者会就当前的事件给人们讲一个反常的故事，但是比人们现在心中的故事更有吸引力。可能威斯特摩兰的故事是英军因为人数少被打败了，而那些在英国，本来可以增援的士兵却在床上懒散地躺着。而亨利的反常故事说的是兄弟们同心协力，做出英雄壮举。

多数情况下，员工心中的故事都是舒舒服服混日子，被破坏的往往是自己受到的无能又恶毒的管理，又或者是破坏性的公司政策。因此反常故事很容易构思——人们团结起来，改变工作方式，完成重大任务。就像亨利的演说中那样，故事可以包含一些关键性的细节，比如伤疤和麦芽酒，它的力量在于它不仅仅会唤起人智力的参与，同时还有感情，而且它本身不是逻辑论断，没有反驳的可能性。以亨利为例，如果真的辩论起人数少到底是优是劣，大概驳倒亨利会非常容易。

我们不应该低估故事的力量。因为我们是在创造体验，而不是在记录体验，而且神经网络中高等级的理念会制造与自身相符的思想和行为。一个理念就能对人的心理活动产生巨大的影响，并且在改变我们的同时也改变了世界。20 世纪下半叶，社会心理学不止一次地证明了理念有改变内心和行为的力量。

一个实验和亨利解释人少是好处的方式有异曲同工之妙。大学的一个班级被告知将会有一个讲座，关于这次讲座，半数学生得到了这样几个形容词作为描述："冰冷""勤奋""关键"；另一半学生得到了相同的描述，只是第一个词"冰冷"换成了"温暖"。在讲座结束后，学生开始给教授打分。那些得到"温暖"的学生给他打的分要比得到"冰冷"的学生高很多。在课堂上，得到"温暖"的学生参与得也更加积极，问了更多的问题，差异评估建立在同样的观测方式基础上。

学生们都得到了一个先入为主的理念，就像领导者给追随者的心理灌输先入为主的理念一样，但这种影响并不是局限于人们的感受上。有一种心理学现象被称为"自我实现的预言"，这证明了理念确实能客观地改变世界。感受的变化带来了行为的变化，而行为的变化又导致了新的感受变成了事实。

研究人员在一个小学举办了一次智商测试。测试结束后，研究人员告诉老师某些学生是"后开的花"，他们会在今后的几年内经历一次很大的智力增长。事实上，这些学生只是中等智力水平，但是年底的时候研究人员又去进行了一次测试，结果显示这些孩子的智商确实增高了。老师对待这些"后开的花"的方式改变了，这导致了这些孩子的发育也随着老师的期望而改变了。

这个实验教给了我们怎样才能创造现实。如果我们提前告诉家人晚餐棒极了，一般情况下，事后他们都会觉得晚餐真的棒极了。如果我们告诉厨师他的手艺棒极了，他可能真的会发挥出更高的水平。如果我们真的相信某个人特别出色，可能我们的一些无意识的行为真的会让他变得出色。在商界中的一项里程碑式的研究中，人们发现先入为主对于提高销售人员的业绩有着神奇的效果。只需要一个理念，我们不仅仅能改变人们的思想和行动，甚至还能改变人的思维能力与处事能力。而传达这一理念最有力的方式，就是通过故事。

唤起人的关注与紧迫感 亨利不需要再唤起士兵的任何关注或者紧迫感了。成倍于己方的法国军队帮他做了这份工作。但在企业中，人们很容易变得懒散，因此对于领导者来说，让人们感觉到竞争压力的存在非常重要，不过也不能大到让他们失去安全感的地步。领导者还必须保证员工的注意力一直都保持在企业的成功上。如果胜败在于客户的满意度，或者销售额和成本控制，则领导者更应该重视这个问题，应该让它在故事中占据关键性地位，并且得到不断的重复，次数要多到足以让人的神经网络能够发生结构性变化。只有这样才能得到自己想要的思考与行为方式。

肯尼迪、丘吉尔与罗斯福的性格

交易型领导者与变革型领导者的区别，被亚伯拉罕·扎莱兹尼克
（Abraham Zaleznik）用商界更熟悉的术语表达了出来。在发表在《哈
佛商业评论》上一篇题为《管理者与领导者的区别》（*Managers and
Leaders: Are They Different?*）的论文中，他把管理者定位为弗雷德里克·泰
勒的传人，主要关注的是渐进式增长。相反，他认为领导者具有创造力，
关注理念，视自身为改革的媒介。从他的角度来看，领导者的力量来自
于自己的创伤经历，这种经历激发出他们极大的潜力。因为他们经历过"重
生"，所以拥有极强烈的同情心，非常善于体察他人的感情，有能力帮助
人们处理变革过程中带来的不安。

经历过重生的领导者是个很值得探讨的概念。没有人会质疑乔治·肯
尼迪、温斯顿·丘吉尔、富兰克林·罗斯福……他们的力量、勇气和能力。
我们认为他们是坚强的、充满了领袖魅力的人物，但是他们年轻时都不
算出色。丘吉尔有着强烈的权力欲，为了达到目的不惜造假；罗斯福年
轻时是个富有的花花公子；而肯尼迪年轻时最大的建树可能就是有个好
爸爸，愿意帮儿子买选票。不过他们都经历过失败和创伤，而扎莱兹尼
克认为，他们也都从创伤中吸取了力量。

丘吉尔在第二次世界大战中显示出了让人敬佩的英雄气概，但之前
的 8 年间，因为英国人民不投他票，他一直都干着一份兼职工作；罗斯
福帮美国经济实现了转型，在大萧条时期鼓舞了美国人的精神，但之前
他一直受着小儿麻痹症的折磨；肯尼迪利用天才的领导能力处理了古巴
导弹危机，但在之前的"入侵猪湾事件"中他领导下的美国政府不得不
抛弃自己派出的雇佣军。这三个人都经历过沉重的失败，使他们变得谦
卑起来，也是在这时他们显示出了强大的移情能力，使他们成为了非常
成功的领导者。

亨利也经历过许多挫折，他对自己的缺陷也有很清醒的认识。这使他有能力接受他人的本质，不会妄想逼迫别人变成另外的样子。成为变革型管理者所需要的特点看来第一个就要先接受自己的缺陷。如果我们是唐·伯尔，我们可能也不会认为抬价购买一个昂贵的联合航线是一种错误，同样我们也不会承认正是这个原因导致了公司的破产。

再回头去看"飞现象"。我们就会发现原来让别人接受一种反常的故事是如此的容易。因为我心中的故事也并非来自于"我"，是心理环境从众多选择中选出来的一个。领导者需要做的只是讲给人们一个更有吸引力的故事。如果没有"我"，那么是什么使一个人创造出了故事并且讲给别人呢？关于这个问题，我们对失败的体验可以为我们提供线索，而且也正是这个原因使得"重生"之后的领导者有那么强的能力。

在我们经历认知失调时，和海豚一样，我们心理的自动运作停止了，前额叶皮层和大脑右半球负责全局观的区域都变得活跃了起来。像领袖人物所经历的那种巨大的失败，正好会产生这种认知失调。结果就是，我们注意到了不止一种范式的存在，或者像丹内特一样称之为草图。前额叶皮层的自我监控机制会选择学习一种更好的范式。

由失败导致的新的心理环境，会选择一种更适合这种环境的范式，而这种范式会通过故事的形式指导领导者的思考与行为。领导者讲给追随者的故事将会和他告诉自己的一样。如果没有一个厚重的故事，我们很可能会和唐·伯尔一样，被大脑的伏核区域控制着。领导者为了保持自己的思考、行为和故事之间的一致性，必须真心相信这个故事，并且不停地讲述它，以使它被嵌入到神经网络中。认识领袖性格的最好方法，可能就是把它当做一种对心中故事坚定不移的信仰。

变革型领导意味着通过讲述一个更好的故事来重构自己和他人的心理环境，而领导者手中唯一的工具就是沟通。但是我们不能一味地大喊大叫，告诉别人一种比喻，然后放手让牛顿力学来帮我们实现目的。我们需要关注自己与聆听者的关系，认识到关系是整个环境中的一个有机环节。巴顿的"鹅拉屎"虽然形象又贴切，但恐怕不会在今天的商界起到好的作用。

只要相信就能自我实现

我们这三位经历过"重生"的领导者有着和巴顿非常不同的风格，但对于沟通来说都同样有效。丘吉尔的力量都写在他那张斗牛犬一样的脸上，戴着蝴蝶形领结，用坚定的声音强调着："世界会迈向一个更宽广、更明亮的未来。"罗斯福的特点是他的夹鼻眼睛，拿着烟斗，用平静的声音告诉我们："除了恐惧本身，没有任何事情值得恐惧。"肯尼迪年轻英俊的相貌，一头卷发，劝告美国人："不要问你的国家能为你做什么，要问你能为你的国家做什么。"

这三个人都有独特的领导风格，他们不同的性格与面对的不同环境制造了这种不同的风格。战争时期有效的方式在和平年代不一定有效，在某一个国家有效的方式在另一个国家不一定有效，在政治环境下取得成功的方式在商界不一定会成功。我见过一个内向到骇人程度的博士，细声细语地动员着他的研发团队，说话吞吞吐吐，前言不搭后语。和巴顿讲话时的畅快淋漓完全不能同日而语，但是他的方式适合他的追随者和他的环境；我还见过一个高中辍学的人，只会说少于 4 个字母的单词，嘴里嚼着烟草，但是他成功地激起了制钢工人的斗志。他们两人的共同点是，他们的沟通方式符合自己的身份，也符合追随者的要求。他们相信他所讲的故事，于是他就成了权威。

虽然作为一个变革型领导者要做的事情很直接，但是用过于直接的方式与人沟通可能会让人觉得是一种胁迫。不过我们对心理活动的认识能为我们带来一点安慰。讲座的实验和把儿童定义为"后开的花"的实验告诉我们，**通过先入为主和自我实现的预言，人可以变成自己想象中的样子**。虽然我们可能都不太喜欢老板，不过我们确实希望有一个领袖。事实上，在我们对领导者的预期中，他们都是充满领袖魅力的人。只要领导者不做任何引人反感的行为，这种预期就很可能成为现实。

让属下超越自己

神经科学的发现否定了许多传统管理学的方式。因为赏罚机制和其他的外在的激励方式都是错误的，管理者别无选择，只能让员工自己对自己的业绩负责。同时，在这种情况下就更需要一种能够改变人思维方式的领导方式了。在以心理为基础的世界观中，理念塑造了行为，而变革型领导者的工作就是把正确的理念包装到一个故事中，然后有效地传达给整个机构的每一处。

本质上，领导者所掌握的唯一工具就是沟通，不过亨利的例子显示出，沟通也是唯一能起作用的东西。他没有对那个表现出疑虑的下属大喊大叫，相反把这当做一个了解追随者心理的机会；他让人们自己决定是否要战斗，但之前先刻画出了一个鼓励人战斗的前景；他认识到团队协作很重要，为了不让士兵变成附庸，他走下了演讲台。把这个模式引入到商界中去，他几乎就变成了商业环境中变革型领导者的模板。

虽然乔治·巴顿碰巧表现出了领袖才具有的力量与勇气，但通过神经科学，我们知道他的方式不会产生我们想要的那种影响。有效的领导方式需要谦卑，需要有体会他人感情的能力，就像丘吉尔、罗斯福、肯尼迪那样，可能正因为他们了解人类和人类的缺陷。这些具有不同风格的领导者，向人们传递出自己的理念，最终带领人们完成了从未有过的伟大事业。这种变革是一个机构需要的那种变革，也是人们渴望的变革。

第9章

一切都准备好了

活于想象的世界，更需要懂得达他人之所盼。

只要心中准备好了，一切就都准备好了。

利用 fMRI 追踪信息在脑内的传递，让我们发现一个意想不到的结果：我们根本无法直接认识物质世界。我们能了解的只是它在大脑中以理念的形式重新呈现出的样子，因此，世界实际上是一个心理的世界，而不是物质的世界。你坐的椅子、手里拿着的书，甚至你的身体，都只不过你内心的创造物。这不是任何人都能轻易理解的，不过这确实是经过科学证明的事实，而且已经形成了庞杂的分支，关系着我们的思考与行为方式。

我们并非分享着同一个世界，相反我们都住在自己独特的世界中。我们的背景、经历、基因、文化、思想、感情等都影响着我们眼中的现实，而且几乎可以肯定地说，这中间的变数非常多。男人和女人、成人和小孩、管理者和雇员、客户和供应商、自由派和保守派、基督徒和穆斯林等都会以不同的眼光看待世界，即使是双胞胎也不例外。

在某种程度上，我们接受了这些差异。我们理解有人会觉得某种服饰更有吸引力，有人会觉得某种食物更可口，也有人会认为拥有某些特点的人更适合作配偶。我们接受了很多观点上的差异，从神的本质到哪个球队更棒，等等，很多很多。但我们仍然倾向于认为这些差异都是细微的差异，我们都有着某种共同的体验。因此当我们之间不同的世界观发生碰撞时，我们感到很惊诧；我们会惊异于有人相信辛普森是无辜的（或者是有罪的，如果我们相信他是无辜的），也会惊异于配偶竟然认为我的行为很自私，还会惊异于经过了一年成果丰硕的工作，我们的老板竟然会认为仅仅 5% 的提薪很合适。

我们活于想象的世界

虽然理念的世界与客观世界中物体的运作方式不同，但我们的内心却蒙蔽了我们，让我们觉得它们是相同的。所以我们倾向于把他人看做是石头或者大树一样的物体，而且也不关心他们对世界的解读方式。我们只相信他们和我们一样，都受着牛顿运动定律的支配，类似于我们可以像搬家具一样控制他们。但因为人不喜欢被人强迫做任何事情，我们的行动不会产生我们想要的结果。事实上，所产生的往往是相反的结果。

虽然我们的世界观也会带来一种独特的思维方式，但是我们的大脑会将之视为世界上唯一的思维方式。我们以为逻辑法则会管理我们的思想，也没有人会提防思维方式扭曲事情的真相。

但我们心理活动不会遵循三段论法则。我们的理念在神经网络中以等级制排列，任何理念都可以通过改变大脑的化学组成来影响其他的理念。我们的思维过程不是对逻辑法则的服从，而是不同理念的竞争，最适应心理环境的一种会被选择存留下来。不管我们怎么否认，我们的决定受感情的影响和受逻辑的影响一样多。

如果这些还不足以让人晕头转向的话，再来看看这个事实：我们以为有个人在幕后主使着一切，但这和前面所说的东西一样，也是一种幻觉。大脑内没有任何地方是负责"我"的运作的，而且大脑的运作方式也表现出"我"根本不存在。我们的思考过程中很大成分都是无意识的过程，大脑内没有为体会设置任何周转中心，我们在本质上缺乏连续的自我定义。我们甚至不能相信自己的体会，因为使我们得以解读体会的记忆也不是不变的，每次调取都会与上一次不同。

我们就如同生活在一个由想象创造的世界上，但我们甚至不敢说这是自己的想象。我们所能认识的世界没有任何物质基础，也没有任何时间上的连续性。它的运作根本不遵循我们认为它应遵循的规律，实际上，我们的思考方式也不是我们心中以为的那个样子。爱丽丝的奇境在这种对比中都显得平淡起来了，不过最少她还知道事情好像有点怪异。我们却拒绝相信世界和我们想的不一样，不过这其实也正是心理活动的特点造成的。

站在他人立场考虑

虽然"我"只是一个幻觉，不过它是个有用的幻觉。我们生活着，让身体和灵魂统一起来，努力地追寻着更深刻的意义与目标，在实现时感受着巨大的快乐。事实上，大多数人一直都以为"我"生活在一个客观有序的世界中，虽然这只是一个环境,但他们一生都没有发现任何问题。这也是人内心的魅力所在。人的内心很善于消除令人不安的认知失调。

另外，神经科学并没有把我们抛弃在这个陌生的世界中流浪。它给我们带来了一种更好的思考与行为方式，更符合世界的本质，也能产生更好的效果。它使我们认识到，我们的世界观错了，我们需要考虑到自己与他人的差异。它让我们有能力避免那些自讨苦吃的行为，学会利用关系效应来为自己服务。它就像一本自助手册一样，许诺给我们更大的成功与幸福，同时还有一个额外的优点，就是它的一切结论都是建立在科学研究的基础上。

虽然我们对世界的认识是主观的，不过我们的内心同时也进化出了移情的能力，使我们能体会其他人所体会到的现实，能穿别人的鞋，用别人的眼光看待世界。在我们编故事本能的帮助下，移情能让我们认清他人心中的故事，并且预测他人的反应。使我们能想出一种方法来让他人依我们的意图行事。它的结果可能不会像“胡萝卜加大棒”或者逻辑论断那样直接，但它的优势在于能产生我们想要的结果。

我们所能认识的世界并不像遵循牛顿运动定律的世界那样可以预测，不过达尔文的自然选择理论确实把握住了这个世界的特点。虽然在这个世界中，我无法精确地知道台球会停在哪里，不过我能预测在一种关系中，我的行为会产生什么结果，并且我可以利用这种信息来为自己的利益服务。我做不到直接传递一种理念，但是，**我可以塑造一种心理环境，让它选择我心中的这种理念存留下来**。虽然这可能不会像我以前做事那么简单，不过这种方法确实有效。

亚里士多德式逻辑可能不是心理活动的原理，也不是认识人类活动的恰当方式，不过柏拉图主义却相反。我们在两个理念之间进行对比，找出更好更全面的一个，然后用这个理念作为其他理念与行为的标准。**我们不再强迫别人接受自己的观点，转而简单地使之也成为他人的利益所在**，我可以通过理念来塑造人的思想，利用提问题来引导他们自己得出唯一正确的结论。这可能要多花一些时间，但它能唤起人更多地投入。

初看的时候，神经科学给我们的新工具似乎有点令人失望。鼓励人自愿地接受我们想看到的行为，可能确实需要花费更多时间，进行更多的考虑来制订和贯彻战略。台球世界确实更容易理解，直接支配别人也比处理互相依存的关系网要容易。但这种工具效果更好，因为它更符合世界的本质。消除内心认知失调的能力可能会让我们看不到，因为遵循常识行事而导致的失败，但失败终归是失败。

依据神经科学进行管理

因为我们不是在一个物质世界中进行管理，而是在心理世界中，很多约定俗成的管理方式实际上应该是我们最不愿意做的事情。不过想要更有效率，需要的只是简单地改变视角。我们不应该再通过牛顿力学的透镜来观察世界了，而应该开始把世界的运作看做是自然选择过程。不应该再把人当做无生命的物体了，而应该认识到他们是依自己意志行事的，有思考能力的生物。因为大脑结构的特点，只要我们在心中保持着这种观点，我们就肯定会知道怎么做才是正确的。

在牛顿式的世界观中，所有的行动都是施力的结果。在由自然选择主导的世界观中，任何行为都会引致一种相对应的行为，就像帆船上的一个人向外移动了之后，另一个人也会随之移动一样。因为这种关系效应的存在，指挥别人不可能产生我们想要的结果，因此我们最好利用已经存在的力量来为自己服务。这次管理学的革命，使管理不再意味着迫使别人做事，而在于鼓励别人做事。因为行为是受思想主使的，所以根据神经科学，**管理的目标就是改变别人的心理**。

在牛顿式的世界观中，竞争就是力量的对抗，最强者胜出。在以心理为基础的世界观中，制订竞争战略的关键就在于，借用对手的行为已经产生的影响，或者通过影响他们使其按照我们的意图行事。我们利用移情的能力来了解他们针对不同的行为所作出的反应，然后选择一种行为方式来得到我们想看到的反应。我们可能会需要先入为主的给人灌输一些概念，或者利用关系效应来影响他们。

把世界倒过来想

在制订经营战略时，竞争优势来自于用一种对手无法模仿的方式满足客户的需要。这需要对客户思维方式的理解，因为只有这样才能提供吸引他们的产品，同时还要理解对手的想法，因为只有这样才能让自己的方式变得无法被模仿。有些时候，最好的起点就是你自己的想法。采用一种反常的观点能让自己的产品或者服务变得独一无二。

　　贯彻战略时所涉及的原则是一样的，我们不应该强迫雇员做某事，而应该让他们自愿地去做。对于管理者来说，世界真的倒过来了。管理者不应该去告诉别人该怎么做，而应该去问别人想怎么做。管理者不给别人奖励、惩罚或者提供任何反馈。相反，他们为雇员工作，他们认可人类自私的基因，只是充分利用来自这种基因的能量，和人对实现目标的渴望，以及对报酬的心理需要。管理者还会让雇员为自己的业绩负责，只是为他们提供自我管理所需要的信息。

　　关于管理一个大型机构，如果我们接受人们的行为方式，并对其进行充分的利用，结果要比我们试图让人违背自己的天然倾向要好得多。在集体规模不大的时候，人们确实希望成为一个集体的一部分。因此，在亟须合作的时候，在竞争威胁很明显的时候，我们可以重组机构，使之成为由许多小团体组成的联合体，它们各自之间的关系可以通过市场来进行调节。可以让获利取代薪水，将人的私利与团体目标结合起来。

　　不过最终极的解决方式可能是利用心理活动的力量。人类永远都会为共同的信念团结起来，而这种团队协作不需要任何复杂的结构和管理体系。另外，不管结构多么完善，也永远都不可能具体规定人的所有行为。剩下的工作就交给文化来处理了。在集体共同的故事形成后，文化会驱动思想，思想会驱动行为。

　　不借用外在的力量，而借用心理活动的力量，以员工为中心的管理方式，依照自然选择运作的机构，这些都会带来更好的业绩，并且承担更小的负担。但都需要改变才能实现，而无法做到改变一直都是企业无法提高经营业绩的症结所在。虽然人的内心很善于消除认知失调，甚至有时会在我们还未改变时就使我们相信自己已经改变了，不过要改变人和机构，方法就是创造认知失调。

　　但那必须得是一种恰当的认知失调，贝特森的海豚在没有收到预期中的奖励时，意识到游戏已经变了，于是改变了自己的思维方式。因人类的游戏规则是逻辑制订的，所以不合逻辑的事情肯定能引起我们改变思维方式所需的那种认知失调。比如，拿 1 美元的工资，或者拒绝戴自己已经戴了 20 年的假发，这些都是恰当的反常行为，能够使人意识到世界将会不一样了。

故事需要让人一听钟情

故事能带来改变，并且还能使人免受海豚所遭受的挫折，因为故事为认知失调提供了一种现成的解决方法。变革型领导者的工作就是创造出改变所需要的那种故事，并且用一种最能打动人的方式传递出来。这个故事应该把个人的需要和集体的需要联系起来，让人意识到改变的必要性，并且将改变视为让自己实现更伟大目标的机遇。同时，故事还必须有能力直接打动别人，不朽虽然很有吸引力，但多数人还是愿意拿一点小钱，保证自己不送命。

故事在语言和行动上，都必须表达得有力度，而且要尽可能让人可以切身体会到它。这需要一些技巧，不过最好的领导者都是最会表达情绪的人。不过即便如此，表达的风格也必须符合自己的身份。**最强大的人往往是最谦卑的人，因为即使不考虑关系效应的影响，领导者也必须从他的演讲台上走下来，这样才不会让他的追随者变成他的附庸。**

大量过硬的数据证明了这种管理方式能带来出色的业绩，高科技企业中也有不少关于这种管理方式的奇闻逸事，证明他们正在用的也是这种管理方式。正如我们看到的，最新的科学研究支持这种管理方式，因为它符合心理活动的规律。但除了它的正确性之外，除了它能为人创造更好的工作环境之外，最重要的是，这种管理方式和我们最深层次的价值观相联系着，它把民主带到了工作场合中。

民主最先出现在古希腊，两千年后，又在美国重生。但是不管在什么时代，民主都在一切人类的活动领域中创造出了最伟大的成果。希腊的黄金时代紧随着民主的建立而来临，这段时期希腊人在科学与艺术上取得了后人无法超越的成就。而美国的民主，在一番波折过后，使美国在经济与科技等方面曾一度居世界领先地位。民主的作用真的这么大吗？经济学家大卫·兰德斯在检视了文明史上所有成功的经济力量之后，给出了肯定的答复。民主带来的思想开放产生了企业家精神，而这种精神推动着巨大的经济效益。

不过，民主的制度不仅仅因为它有效所以是正确的，还有道德层面的原因。如果你相信人人平等，那么民主就势在必行。与神经科学的最新发现相关的这种管理方式触及了每个人的内心深处：它既满足了我们对个人自由的需要，同时也满足了我们团结在一起、去实现自己无法实现的目标的渴望。

发现他人心中之盼

神经科学的发现不仅仅会使经营获益，我们也可以用同样的心理来解读自己的体验，决定该怎么行事。当我们改变范式和思维方式的时候，我们对自身处境的解读会更加精确，而我们所采取的行动也会更有效果。我们也会变得更善于处理人际关系这种人生中最大挑战。

在生活的每个领域中，我们都应该利用进化中得到的优势来战略性地思考人际关系。虽然用这种方式看待世界可能会很累，不过也必须如此，最好还要记住人类在基因上是自私的，所有人都在为自己作打算。因此，我们可以利用镜像神经元和心智解读能力来体会别人的感觉，分析出他想要的是什么。我们得到的关于一个人的信息越多，就越能猜出他心中的故事是什么。

一旦我们猜出了他的追求是什么，我们就可以制订战略了。战略的目的就是让他以为帮我们做事是在实现自己的目的。多数情况下，我们所需要的战略都可以是直接的。就像苏格拉底所说的那样，"问比说好"，同时我们还可以向亨利学习，通过提问题的方式来引导人作出我们想要的回答。我们还可以先入为主的方式影响别人的心态。比如，如果我们想在一座拥挤的客机上说服乘务员帮自己找一个座位的话，直接表达对航空公司的不满，并且要求得到应得的待遇恐怕不会起到太好的效果。不过，和乘务员套套近乎，然后请求她帮助，同时也赞美一下她在这种压力下还能工作，这样也许能帮我们实现目的。

某些时候还要注意到更多的东西，特别是当你陷入了恶性竞争中，变成了关系效应的受害者时。比如，当你违反了交通规则时，一位警官让你把车停在一边，然后怒气冲冲的向你走来，这时辩解说自己没有超速恐怕不会起到什么好作用，只能使对抗升级。相反，表现出顺从可能会对你有利，就像我附和那些银行家说我不是你们要用的人时那样。

我们应该永远记住，辩论不会有赢家。一个道理肯定会遭遇另一个道理，一种情绪也会引起另一种情绪。事实是无关紧要的，因为双方都在用事实来打造自己的论据。不过反常的是，如果一方停止了辩驳，并且接受对方的合理性，就会使辩论失去土壤，而且使双方的情绪也不再那么激烈了。就像帆船上的一个人率先开始向里移动，使得第二个人也开始向里移动。这时，双方就有可能会认真倾听对方的道理，也许还能找到共同点。

战略化人际关系听起来很有道理，但做要比说难多了。听说有人要抢自己的女祭司，阿基琉斯的类扁桃体马上膨胀了起来，使他丝毫不在乎自己行为的后果了。想要避免相似的命运，我们唯一的希望就在于预先提醒自己。当奥德修斯冲动得想要杀死妻子的女仆时，他通过和自己说话稳定了自己的情绪，这时他心理的自然选择程序选择了耐心而不是暴力。成功的关键在于重复，这点海螺向我们展示得非常清楚了。如果我们不停地重复一种理念，与这种理念相关的突触就会得到更多的生长，相关的神经网络也会变强，细胞放电的门槛也会随之降低。

同样的道理，我思考战略化人际关系的次数越多，实践战略化人际关系的次数越多，我的心理就会越适应它。就像读书可以重构大脑，建立新的神经网络一样。持续地重复书中某一理念也会使心理更加适应这种理念，并且使你的工作和生活都变得更加成功。而且神经科学还告诉我们，这种神经网络是"用进废退的"。

现在，是时候出发了

你现在看完这本书了，那么你会做什么呢？虽然你的大脑中已经种下了这些理念，而且已经在形成心理环境了，但是商界是以行动为准的。不管是什么理念，仅仅想是不够的。要做的事永远比剩下的时间多。但是要真的做到，需要你有很强的毅力和自律精神，因为你要学会退一步思考。

我们的情绪也许在纸牌游戏中能帮我们作出更好的决定，不过也可能会使我们杀死自己的老板或者威胁到自己的事业。虽然世界是一个心理世界，但我们的理智是物质世界给我们的经验的产物，其中那些反常的关系效应都没有被考虑进来。因此我们最好慢慢来，战略性地思考自己的情况，之后再决定该如何行事。

多采用间接的行动，而不是直接的行动。告诉别人该怎么做或者告诉他们事情办得有多糟，这又快又容易。但是通过想出问题来问别人，由此帮人作出决定，或者使他们意识到自己没有表现出最大的实力，这样可能会花费更多的时间，不过问问题能产生更好的结果。

问题能拉近我们与他人的距离，而且不会让人觉得在受人控制从而出现抵触情绪。问题使我们能搜集到很多我们不知道的信息。还有，人都是更喜欢说，而不是听，所以问问题也展示出了良好的意愿。

问问题同时也是摆脱恶性竞争的好办法。下次有人在使劲地和你辩论时，不要和他针锋相对地辩论，试着问一些问题，然后你就会发现双方的情绪都会平静下来。然后仔细听对方的答案，听完后用自己的话重复给他听。突然之间，对方可能不会再为广播几点开始这种问题和你激烈争论了。关系效应可能还会让你的对手也开始问你问题，而且真的开始倾听你所说的话。

退一步开始思考还需要有意识地利用自然选择来过滤你的体验。突然之间，你可能会发现事情都变得不一样了，你开始意识到你的行为中有多少来自关系，而他人的行为有多少是来自于你。你会发现你到底对他人有多大的影响力，虽然可能只是间接的。你还有可能发现也许目前的情况正是采取某种不合理的行动的时机。

利用自然选择还会告诉你环境对你的影响到底有多深，并且把你注意力吸引到引导环境向对自己有利的方向发展上面去。这时，放弃外力，转而通过创造环境来鼓励别人依自己的意图行事就显得不那么困难了。下次你在工作中与某人相处不融洽时，你可以试着请他吃午饭，看看会带来什么变化。

与其与事情的本质战斗，不如顺其自然。如果在别人说话时你打断了他，那么他就不会再听你说的话了，只会等待打断你的机会。但如果你让他把话说完，等他没得说了，就会非常乐意听听你想说什么了。我在银行里学到了一件事，好的销售电话都会让前景展望占据多数谈话时间。

你还可以更多地利用故事，帮助你理解和改变他人的想法与行为。在我们发掘出他人心中的故事之后，我们对他们是谁、为什么这么做事等这些问题，都有了一个清晰的认识。我们会更有能力预测他们的反应，让我们可以据此来决定该如何行事才能得到自己想看到的反应。理解自己的故事能帮我们更好地理解我们是谁、为什么这么行事，很可能还会让我们有能力避免自讨苦吃的行为。**故事是心理世界中最有效的工具。他们独特的力量让他们可以潜入别人心中，悄然改变他们的思考与行为方式。**

我们还应该主动去寻找认知失调，虽然它可能会让我们不安。我们的心理机能本身会快速地消除认识失调，很多时候快得我们还没有意识到它的出现，但是真正能带给我们教训、改变我们的思维方式的东西，就是认知失调。这种让我们恐惧的批判性反馈让我们停止了旧习，开始反思。它开拓了我们的思想，指引我们去发现更大的理念。观察似动现象，看着人类行为理论破产，我们最终认识到，认知失调是导致我们成长的因素。我们不应该躲避它，或者合理化它，而应该主动去寻觅它，然后品味它的滋味。

最值得思考的一件事，恐怕就是"世界是我们的创造物"。在牛顿式和亚里士多德式的世界观中，我们是暴虐的命运受害者，而我们的自卫方式就是反击。把自己当做一个可怕的敌对世界的受害者，对生活来说更加容易。但根据神经科学，我们是世界的创造者，而且我们可以通过改变思想来改变它。也许这让我们失去了把自己当做受害者的安慰，不过能让世界成为任何我们希望它是的样子。

冷静让奥德修斯有能力退一步思考，而不会像阿基琉斯一样简单冲动地作出反应。这种能力让我们可以抵御当下的诱惑，着眼于未来更大的满足。我们的先祖没有整日闲逛，有什么吃什么，相反他们决定去犁田、播种、培育庄稼，为的就是在未来得到更大的回报。去逛一趟超市，或者看看奥德修斯的成功，你都会明白冷静不是件坏事。

一旦这种思维模式建立了，它就会变成心理的一种习惯。它适用于任何事情，而且我们所有的行为也都会变得开始以目标为中心。我们可以专注于奖励、升职、事业，但这些与心理活动的规则相违背。伏核区域释放多巴胺是在我们为实现目标而工作的过程中，而不是在目标实现了之后。因此，真正的奖励来自于工作本身。**如果我们总是在猜测未来可能得到的回报，我们就永远也无法享受当下，当然也不可能发挥自己全部的潜力。**

心理学家米哈里·契克森米哈伊（Mihaly Csikszentimihalyi）发现，当人们心无旁骛地专注于手边的工作时，人们感到幸福、满足，而且能发挥出最大的潜力。他将这称为"涌流"："那是人完全投入到眼前的活动中去的状态，这时候好像一切都无所谓了，人会付出一切努力做这件事，而目的就是单纯地做这件事。" 契克森米哈伊认为：这种快乐来自于"因为把全部注意力都集中到了手边的工作上，暂时忘记了一切"。注意力集中的时候，多巴胺顺畅地流动着。

有点讽刺意味的是，战略家的大脑能让我们善于管理人的行为，却会阻止我们发挥自己的最大潜力，也无法体验到那种完全沉浸在工作中的乐趣。解决的方法就是适时地转移自己的注意力，当我们需要做战略家来处理人事时，我们把注意力集中在全局上；但当我们开始做自己的工作时，我就像激光一样，钻进自己的工作中去。

一个半世纪之前，小说家乔治·艾略特（George Eliot）也沉思过这种困境，她写的一个故事中讲到："有一个年轻人问他的老板，他到底有没有可能干好这份工作。"他的老板回答说："你能。"但又对他解释道："你必须爱你的工作，不能总是站在远处等待那天的到来。"神经科学如此众多的发现与洞见，其实全都蕴含在这一个小小的故事中了。

致 谢

　　本书的理念来源于 3 000 年来我们对思维运作和如何善用思维的思索。不过在 21 世纪，我们有了一个优势：fMRI能使我们亲眼观察运作中的大脑。科学工作者斯蒂芬·平克（Stephen Pinker）、安东尼奥·达马西欧、迈克尔·葛詹尼加（Micheal Gazzaniga）等人利用神经科学的发现，向我们展示出这些发现对我们的生活方式产生的影响。感谢他们的创造性的见解，否则我的工作不可能进行下去。

　　同样要感谢的是我的客户。如果没有他们邀请我进入他们的公司，参与公司改革，我所做的工作也是不可能完成的。我知道，我从他们那里学到的东西和他们从我这里学到的一样多。其中我特别感激的是我的客户，也是我的朋友，本·莱维坦（Ben Levitan）。他已经成为我观察商界走向的晴雨表。他的帮助与鼓励对我来说弥足珍贵。

　　我也为能拥有 Ebeling 代理公司的克里斯蒂娜和迈克尔这样的代理人而感到十分幸运。因为他们，我在本书中阐述的经营新方式才得以与世人见面。他们不墨守成规，他们改变了著作代理的规律，让我们的书获得了最为出色的出版商的服务。他们还不辞辛劳地为我提出了许多重要的意见与建议。

不过最需要感谢的人是我的编辑，考特尼·扬（Courtney Young）。她领会了我的想法，并教会我如何使这个可能异常艰深的问题简单化。本书的包装、结构及行文之清晰，全归功于她的努力。她给我提出诸多挑战的同时，自己一直在担任我在工作中最好的伙伴。没有她就不会有《重塑管理》。没有 Portfolio 的出版人考特尼·诺比莱（Courtney Nobile）的辛勤工作，很可能根本就不会有人知道这本书。我的感谢致予许多人。

能让产品"卖出去"和"卖上价"的销售秘籍

克林顿首席谈判顾问、《优势谈判》作者
特别奉献给销售和采购人员的谈判圣经

〔美〕罗杰·道森 著
刘祥亚 译

重庆出版社
定 价：38.00 元

翻开这本国际谈判大师罗杰·道森的经典之作，你很快就会知晓答案。在书中，罗杰·道森针对销售谈判中涉及的各种问题，提出了24种绝对成交策略、6种识破对方谈判诈术的技巧、3步骤摆平愤怒买家的方法、2种判断客户性格的标准等一系列被证实相当有效的实用性建议。书中生动真实的案例俯拾即是，不论你是营销大师，还是推销新卒，不论你是企业高管，还是商界菜鸟，本书都值得你一读，它不仅教会你如何通过谈判把产品"卖出去"，还可以让你的产品"卖上价"，进而大幅提高销售业绩和企业利润。

赚了对方的钱，还能让对方有赢的感觉

教你每次都作出正确的商业和个人决定

谁说细节决定成败？比细节更重要的是决策！

〔美〕罗杰·道森 著
刘祥亚 译

重庆出版社
定 价：38.00 元

每个人都是决策者，在工作及生活的方方面面都需要决策。然而，"正常"的决策者却常常会作出"傻瓜式"的决策。

为创作本书，罗杰·道森先后采访了无数顶级CEO，认真听取他们的决策经验，结合自身经历，最终总结出了这套决策指南。书中包含了大量极富实战指导性的决策技巧，对各种不同的决策情形进行分析，帮助你在人生的各个领域作出正确的决定。

无论你是在计划更换工作，为你的公司选择一个新的战略方向，还是准备选购住房，《赢在决策力》都是你最佳的选择。本书专为每一个渴望成功的人而写，阅读本书，你将能在这充满竞争的世界胜人一筹。

有了这些决策方法，
你也可以运筹帷幄，决胜千里！

短信查询正版图书及中奖办法

A. 电话查询
    1. 揭开防伪标签获取密码，用手机或座机拨打4006608315；
    2. 听到语音提示后，输入标识物上的20位密码；
    3. 语言提示：你所购买的产品是中资海派商务管理（深圳）有限公司出品的正版图书。

B. 手机短信查询方法（移动收费0.2元/次，联通收费0.3元/次）
    1. 揭开防伪标签，露出标签下20位密码，输入标识物上的20位密码，确认发送；
    2. 发送至958879(8)08，得到版权信息。

C. 互联网查询方法
    1. 揭开防伪标签，露出标签下20位密码；
    2. 登录www.Nb315.com；
    3. 进入"查询服务""防伪标查询"；
    4. 输入20位密码，得到版权信息。

中奖者请将20位密码以及中奖人姓名、身份证号码、电话、收件人地址和邮编E-mail至szmiss@126.com，或传真至0755-25970309。

一等奖：168.00元人民币(现金)；
二等奖：图书一册；
三等奖：本公司图书6折优惠邮购资格。
再次谢谢你惠顾本公司产品。本活动解释权归本公司所有。

读者服务信箱

感谢的话

谢谢你购买本书！顺便提醒你如何使用ihappy书系：
◆ 全书先看一遍，对全书的内容留下概念。
◆ 再看第二遍，用寻宝的方式，选择你关心的章节仔细地阅读，将"法宝"谨记于心。
◆ 将书中的方法与你现有的工作、生活作比较，再融合你的经验，理出你最适用的方法。
◆ 新方法的导入使用要有决心，事前作好计划及准备。
◆ 经常查阅本书，并与你的生活、工作相结合，自然有机会成为一个"成功者"。

优惠订购						
	订阅人		部门		单位名称	
	地址					
	电话			传真		
	电子邮箱		公司网址		邮编	
	订购书目					
	付款方式	邮局汇款	中资海派商务管理（深圳）有限公司 中国深圳银湖路中国脑库A栋四楼		邮编：518029	
		银行电汇或转账	户　名：中资海派商务管理（深圳）有限公司 开户行：招行深圳科苑支行 账　号：81 5781 4257 1000 1 交行太平洋卡户名：桂林　卡号：6014 2836 3110 4770 8			
	附注	1. 请将订阅单连同汇款单影印件传真或邮寄，以凭办理。 2. 订阅单请用正楷填写清楚，以便以最快方式送达。 3. 咨询热线：0755－25970306转158、168　传　真：0755－25970309 E-mail: szmiss@126.com				

→利用本订购单订购一律享受9折特价优惠。
→团购30本以上8.5折优惠。